牟田哲彦

宮脇俊三の紀行文学を読む

中央公論新社

まえがき

令和元（二〇一九）年七月から九月まで、NHKラジオ第2のレギュラー番組「カルチャーラジオ　文学の世界」が、「宮脇俊三の紀行文学を読む」というテーマの連続講座を毎週放送した。講師を担当したのは不肖・私である。番組では毎回、私が選んだ原作の抜粋箇所を元・NHKアナウンサーが朗読し、私がその文脈の背景や、そこから読み取れる作風などを解説した。

宮脇俊三は大正十五（一九二六）年に川越で生まれ、中央公論社の編集者を経て、昭和五十三（一九七八）年に作家の道へ転じた。デビュー作『時刻表2万キロ』をはじめ鉄道に関する著作を数多く発表し、「鉄道紀行を文芸の一ジャンルとして確立した」（平成十一年菊池寛賞授賞理由）との評価が定着している。

動画や映像がなく、話す言葉のみで表現するラジオというメディアで紹介するのがこれほどふさわしい紀行文学は、宮脇作品をおいて他にないだろう。紀行文に写真を挿入することを善しとせず、言葉だけで読者が旅の情景を思い浮かべることができる上質の紀行文に終生こだわり続けた宮脇俊三の世界を語るとき、動画や写真の存在は、むしろ文章が持つ魅力を減殺してしまう。

スマホ片手に動画や写真が満載のサイトを検索しながら旅することが当たり前の現代にあって、映像の力に頼らず朗読と解説だけで紀行作品の文学的魅力を伝えようとするこのラジオ講座は、幸いにして概ね好評だったらしい。根強い宮脇作品の愛読者が聴いてくださっただけでなく、平成十五（二〇〇三）年の病没から放送時点ですでに十六年が経っていた宮脇俊三という作家、あるいは「鉄道紀行文学」なる文芸のジャンルの存在自体を初めて知ったリスナーもいたようだ。

そのラジオ講座の内容をまとめたのが本書である。本文は放送時の解説をベースに、必要な加筆を施した。原作の雰囲気を感じ取りやすいよう、ラジオでの朗読箇所は長めの引用として活用している。引用箇所やその解説に触れて、古くからの愛読者は久しぶりに本棚の宮脇作品を再読し、新たな読者は原作に手を伸ばして宮脇俊三の紀行文学の世界を堪能していただくことが、ラジオ放送当時の意図であり、本書の最終目的である。

その本書が中央公論新社から刊行されることも、宮脇俊三という作家を語るうえで大きな意義を持っている。東大卒業後、二十七年にわたり在職した中央公論社で、宮脇は今に続く中公新書の創刊に携わり、初代編集長を務めた。出版部長として自ら企画・編集を担当した『日本の歴史』シリーズでは、第一回の配本が百万部以上を記録した。「中公に宮脇あり」と言われるほどの名編集者だったのだ。

宮脇は、本を作ることについては徹底した職人気質であった。編集者として担当し、ベストセラーとなった北杜夫の『どくとるマンボウ航海記』（昭和三十五年、中央公論社）では、表紙の見返しのオモテに航海の往路図、ウラに復路図が入っている。見返しとは、書籍の表表紙《おもてびょうし》の裏側にあって、本体と表紙とを繋《つな》ぎ合わせているやや厚手の紙のページのことである。無地のことも多いこの部分にオモテとウラで微妙に異なる航海図を入れたのは宮脇のアイディアだったのだが、まるで江戸っ子が羽織の裏地を凝るような話で、宮脇いわく「その違いに北さん以外誰も気づかな」かったという（「特集　宮脇俊三の世界」『旅』二〇〇〇（平成十二）年九月号）。著名な学者の原稿でも読者にわかりやすい文章とするため遠慮なく細かい注文をつけ、「ときには書きなおしまで要求した」ことも、本人が述懐している（『駅は見ている』平成九年、小学館）。作家になった後も、自著に掲載する地図の版下は全部自分で描き、文字の部分は別紙で写植の級数と字体まで指定していた（前掲『旅』）。いずれも、「中公の宮脇」としてのキャリアが育んだこだわりであることは疑う余地がない。

だが、退社と同時に作家としてデビューした後の宮脇は、生涯、中央公論社で原稿を書かなかった。それが本人の強い意向であったことは、取材旅行に同行した他社の編集者に「（中央公論の仕事は）決してすることはない」と強い口調で話した、とのエピソードから窺える（前掲『旅』）。「自分の趣味の聖域と会社を混ぜ合わせたくない」（『私の途中下車人生』昭和六十一年、講談社）という入社以来の自らの信念に、退社後もなお忠実であったと言うべきなのか、別の真意があったのかは、今となってはわからない。

ただ、宮脇作品が中央公論社での編集者時代に培われた豊富な知識や経験を基盤としていることは、本書でも指摘している通りである。「中公の宮脇」としてのキャリアを活かして生み出した自著の数々が、退社から四十余年の星霜を経て中央公論新社を通じて文芸評論の対象となることに、銀河鉄道で旅立った宮脇はどんな感想を抱いているだろうか。

本書のもととなったラジオ放送は、元ＮＨＫアナウンサーの羽原順司氏（放送当時はＮＨＫ文化センター東京総支社長）のお力添えによって実現した。各作品の雰囲気に合わせた羽原氏による味わい深い朗読は、番組が好評を得た大きな要因である。その放送内容を活字にして中央公論新社から刊行することは、中央公論社から一冊も自著を出さなかった宮脇本人の生前の意向を踏まえつつ、読者による評論は自由であるべきとの主旨を長女の宮脇灯子氏にご理解いただけたことから道が拓けた。本書の装丁と、最長片道切符の経路図を含め五十点以上に及ぶ詳細な路線図は、青山霊園にある宮脇の列車イラスト入り墓碑もデザインされた板谷成雄氏の手による。

そのうえで、自社編集部の大先輩にあたる宮脇の作品を中央公論新社として初めて真正面から取り上げることを後押ししてくださった学芸編集部長の吉田大作氏のご尽力によって、本書は世に出ることとなった。積み重ねられた各位のご高配に、心より感謝申し上げる。

表紙カバーの写真は、宮脇が「日本の鉄道路線のなかで私のもっとも好きな区間である」（『終着駅へ行ってきます』昭和五十九年、日本交通公社出版事業局）と明言した根室本線の厚床－根室間から選んだ。時代は昭和から平成、令和と移り、国鉄はＪＲへと改組され、宮脇自身も泉下の客となって久しいが、渺茫《びょうぼう》としたこの一帯の車窓風景は昔も今も変わっていない。

令和三年九月

著者

目次

宮脇俊三の紀行文学を読む

第一章　国内紀行①『時刻表2万キロ』

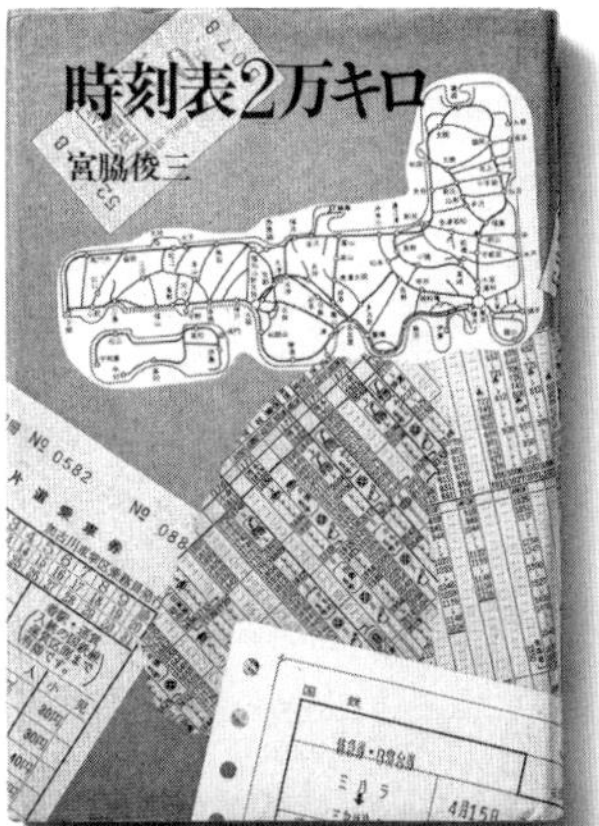

『時刻表２万キロ』昭和53年、河出書房新社

〝作家になる前〟が長かった

旅の体験を綴る紀行文は、古今東西に数えきれないほど存在します。現在はブログやＳＮＳを通じて、誰でも簡単に自分の旅の体験を文章や写真で表現し、不特定多数の読者に向けて発信できる時代になりました。

事実上タダで読める個人の旅行日記や記録がインターネット上にあふれている世の中では、書店でお金を払って買う書籍や雑誌を通じて紀行文を読むという行為を選択するためのハードルは、自然と高くなります。単なる旅行の情報源としてではなく、純粋に読み物として面白く、金を払ってでも読みたい、あるいは買って読んだ価値があった、と読者に思わせるだけの紀行作品を書くことは、昔よりもかなり難しくなっているのかもしれません。

そして、鉄道を題材にした紀行文の場合は、同じ路線を素材として優れた紀行作品を生み出した先人と比較されやすい、という特徴がさらに加わります。

その先人の一人として必ず名が挙がるのが、宮脇俊三です。「鉄道紀行文学」という文芸のジャンルがあるとするならば、宮脇俊三の前にも名作を多数残した作家はいるが、没後二十年近く経っても同レベルの鉄道紀行を書ける人は未だに出てきていない、そしてこの先も出てこないのではないか……。そのくらい、鉄道紀行の作品の世界で、宮脇俊三の存在感は今なお大きいと言えるでしょう。

ただ、宮脇が作家としてデビューしたのは、五十二歳のときでした。亡くなったのは七十六歳ですから、自分の作品を生み出した期間は専ら人生の後半期で、若い時期の作品はありません。作家になる前は二十七年にわたって中央公論社（現在の中央公論新社）に勤め、編集者をしていました。作家の生い立ちや経歴が作風に影響を与えるのは自然なことですが、自身の旅を作品の主たる素材としていた宮脇の場合は、とりわけ、作家になるまでの長い期間に得た知識や経験が、作品に反映されやすかったことになります。

さらに、幼少期にまで遡ってその履歴を詳細に俯瞰してみると、戦前は比較的裕福な家庭に育ち、子供の頃から汽車が好きで、戦前・戦中としては破格なほどに旅行機会に恵まれていました。社会人になってからは編集者として数多くのベストセラーを世に送り出すとともに、最後は常務取締役という会社役員の立場になっているので、サラリーマンとしても順調に出世していたと言えます。

もちろん、良いことばかりではなかったのでしょうが、はたから見れば、総じてうまくいっているように見える人生を送っていた、という評価はできるでしょう。

内田百閒、阿川弘之の鉄道紀行文学を受け継ぐ

そんなサラリーマン人生の一部を、宮脇はひそかに、国鉄全線の完乗、つまり日本全国にある国鉄線、現在のＪＲ線の全部の路線を乗り尽くすという不思議な行為に費やしていました。しかも、その目標を達成したら会社重役の立場を捨てて、その体験記を他の出版社から刊行する道を選びます。それが、昭和五十三（一九七八）年に河出書房新社から刊行されたデビュー作『時刻表2万キロ』です。

『時刻表2万キロ』は、宮脇が国鉄全線を完乗するまでの体験記ですが、本作品の書き始めまでにすでに九割がた乗っていて、残りは全国に散在する赤字ローカル線ばかりでした。それらの全てに乗るために、週末ごとに列車ばかり乗る行為をひたすら繰り返す、という自身の様子を、ほぼ全章にわたって描いています。

これが発売直後から大きな反響を呼び、見事にベストセラーとなりました。同年の日本ノンフィクション大賞にも選ばれています。

この作品は、「汽車ポッポに乗る」こと自体を楽しむ、という行為が社会的に認知されるきっかけになった、と言われています。「乗り鉄」とか「撮り鉄」という言葉もなかった当時、全国から消えていく蒸気機関車を撮影するＳＬブームが起こっていて、カメラを持った鉄道ファンが日本全国で蒸気機関車を追いかけたことは広く知られていましたが、「列車に乗ること」自体を

楽しみとする行為を正面から取り上げたことは画期的だったのです。

もちろん、「列車に乗ること」自体を描いた作品がそれまでにも皆無だったわけではありません。とりわけ有名なのは、内田百閒の『阿房《あほう》列車』（昭和二十七年）でしょう。「なんにも用事がないけれど、汽車に乗つて大阪へ行つて来ようと思ふ」という有名な書き出しで始まるこの作品を、宮脇は二十代の頃にほぼリアルタイムで読みました。そのときの感想が、『汽車との散歩』（昭和六十二年、新潮社）という随筆集に「阿房列車讃歌」というタイトルで収められています。以下は、その一部です。

用もないのに汽車に乗りに出かけ、人の忌《い》み嫌《きら》う時刻表を愛読する——。そんな人間は自分だけだろうと思っていた私は驚いた。いまでこそ鉄道ファンの存在は世に知られ、尊敬はされないまでも一応の市民権を得ているが、当時はそうでなかった。いい齢《とし》をして汽車ポッポが好き、愛読書は時刻表などと言えば知能の発育を疑われかねなかった。入社試験の面接でも私は「趣味は旅行です」と答えた。正しくは鉄道であり時刻表なのだが、それを言えば児戯に類したものとしてマイナスの印象をあたえそうな気がしたからであった。

しかるに内田百閒は、汽車に乗るのが好き、時刻表を読み耽る、と平然と書いている。しかも、煮ても焼いても食えないような頑固《がんこ》さと融通無碍《ゆうずうむげ》な文体とが渾然《こんぜん》一体、見事な作品となっているではないか。

自分だけの恥しい密《ひそ》かな楽しみであると思っていた「汽車」が風格のある文学になってい

る！　そのときの気持は複雑だった。感服と安堵《あんど》、それに若干の羨望嫉妬《せんぼうしっと》が混じったように思う。（『汽車との散歩』より）

宮脇が『時刻表2万キロ』を出したときには、内田百閒はすでに亡くなっていましたが、汽車ポッポ好きとして知られていた作家に、阿川弘之がいました。当時、外国での鉄道乗車記を時折発表して『南蛮阿房列車』（昭和五十二年、新潮社）という単行本を出したりしていたのですが、その冒頭で、「内田百閒先生が最初の阿房列車に筆を染められてから四半世紀の時が経ち、亡くならられてからでもすでに五年になるが、あの衣鉢《いはつ》を継ごうという人が誰もあらわれない」ので、「文章の上では及ぶべくもないが、汽車に執心の点にかけてはそれ程謙遜しなくてもいいはずだから」と自分に言い聞かせて、「折ある毎に外《と》つ国々を訪れて汽車に乗り、南蛮阿房列車を書く」と思い立って書き始めた、と記しています。

その阿川は、何度か文庫化を繰り返した同書のあとがきで、自らの海外鉄道紀行に一区切りを打った理由をこんなふうに書いていたことがあります。

ちやうどその頃、中央公論社の役員を辞めて文筆の道へ入った宮脇俊三さんの、「時刻表二《ママ》万キロ」や「台湾鉄路千公里」が、異色の鉄道エッセイとして注目を浴び、高い評価を受けるやうになってゐた。老兵はそろそろ消え去るべき時が来てゐると思った。それで、帰国後「ピラミッド阿房列車」を「小説新潮」に発表し、これを以て我流阿房列車の運転を打ち切ること

にした。（阿川弘之『自選 南蛮阿房列車』（平成十一年、徳間文庫）「あとがき」より）

阿川弘之は宮脇より六歳年上で、作家としてのキャリアは宮脇より格段に上でした。その阿川をして、「鉄道紀行ものでは宮脇作品には叶わない」と言わしめたわけです。それほどの衝撃が『時刻表2万キロ』にはあった、ということになります。

ちなみに、阿川弘之は、宮脇が作家としてデビューする前から、宮脇のことはよく知っていました。というのは、『時刻表2万キロ』から遡ること二十年前の昭和三十三（一九五八）年に、阿川は中央公論社から『お早く御乗車ねがいます』という鉄道随筆集を刊行しているのですが、この随筆集の担当編集者が若き日の宮脇だったからです。阿川は月刊誌『旅』の宮脇俊三特集（二〇〇〇年九月号）の中で、「短編集より小説の長篇よりよく売れてね、非常にありがたかった」と回想しています。

「時刻表を読み解く」さまを描く

その『時刻表2万キロ』がどういう作品なのかを、具体的に見ていきたいと思います。

紀行作品ですから、旅先の様子が描かれているのは当然なのですが、この作品では、旅行に出ていない著者の日常の様子も出てきます。それらをたくみに織り交ぜながら、全体としてまとまりのある作品になっています。

それから、この作品は長編の書き下ろしなのですが、紀行文は長期旅行でない限り、単発の旅ごとに書かれるのが通例です。したがって、この作品のように何度も出かけては短期間で帰宅する旅を一つの作品にするには、一貫したテーマが必要となります。

通常、そこまで考えて旅する人は少ないのですが、この作品は国鉄全線完乗という明快な目的があるので、一貫した内容になっています。そのため、帰宅しては出かけるという繰返しの合間に日常の光景が織り込まれていても、不自然ではない、という文章構成になっているわけです。そこでここでは、旅先での場面と、旅から戻った日常生活の模様を、それぞれ実際にいくつか拾ってみましょう。

まずは本作品の冒頭です。『時刻表2万キロ』とはいったいどんな紀行作品なのか。書き出しから想像してみてください。

鉄道の「時刻表」にも愛読者がいる。

時刻表ほんらいの用途からすれば、愛読の対象となるべき書物ではないが、とにかくいる。しかも、その数は少なくないという。私もそのひとりである。

真底からの愛読者となると、旅行などいっさいしない。生まれ故郷から一歩も外に出なかったカントのような趣があるから、もっとも純粋な愛読者であろう。それにくらべると私など、時刻表を眺めていると汽車に乗りたくなってしまう質《たち》だから、純度は低い。しかし、毎月、新しい時刻表が発売になると、その晩は何時間も読み耽《ふけ》るから、愛読者にはちがいない。

そういうわけで、ときどき「時刻表に乗る」ための旅行に出かけていた。（「第1章　神岡線・富山港線・氷見線・越美北線」より）

のっけからドイツの哲学者の名前を持ち出して、いったいこの作者はどんな旅の話をしようとしているのか、という思わせぶりです。この書きぶりと、用もないのにただひたすらローカル線に乗りまくる行為とのイメージのギャップが、最初から最後まで一貫しています。この書き出しも、そのギャップを最初に予感させる効果を生み出しています。

そうして「時刻表に乗りに行く」といって、全国の赤字ローカル線にひたすら乗りに行く話が続くのですが、東京に住んでいる作者は、北海道へ行くときを除いて、往復の行程も基本的に列車利用です。

それも、この作品は宮脇のサラリーマン時代の話なので、週末の金曜日の夜に夜行列車で旅立つパターンが多く見られます。最初の旅はこんな感じで始まります。

急行「越前」は20時51分を待ちかねたように定刻に発車した。今夜は付き合ってくれた人たちとかなりお酒をのんだので、寝台車ではもうのまない。あすは4時50分着の富山で降りるから早く寝たほうがよいのだが、あいにく私の寝台は右側にある。右側にあるからつぎつぎにすれちがう上り列車が見えてしまう。見えれば、それらがダイヤどおりに走っているかどうか気になる。

時刻表を開いて窓外を眺めながら現物と照合するのは楽しい作業である。ダイヤどおりならあと三〇秒以内にすれちがうはずだぞ、と緊張していると、ぷわあーという警笛とともに窓外を走り去る。気持ちのいいものである。（「第1章　神岡線・富山港線・氷見線・越美北線」より）

急行「越前」というのは、昭和五十七（一九八二）年まで上野から信越本線経由で北陸方面へ走っていた夜行列車です。夜だから窓の外はほとんど見えないのですが、すれ違う列車が時刻表通りに来るかどうか、時刻表を見ながら確認するのが楽しい、というわけです。電車の中で、子供が図鑑を開きながら窓の外を見て、駅や車庫にいる車両を見て喜ぶような、そんな感じでしょうか。

そんなことをしつつ、夜行列車だからさすがの宮脇もいちおう眠りにつき、早朝に富山駅へ着きます。北陸新幹線なら東京からわずか二時間で到達できる富山も、この昭和五十（一九七五）年当時は上野から夜行急行で一晩かけて辿り着くところでした。

跨線橋《こせんきょう》を渡って高山本線の発着する1番線に下りたが、当然入線しているはずの4時54分発の神岡《かみおか》行の姿はなく、少し遅れる見込みだという。始発列車が遅れるとは何事かと思っていると、まもなく入ってきた。しかしこれは神岡行でなく、名古屋からの夜行急行「のりくら7号」金沢行である。4時36分着の予定だから二〇分遅れている。この列車は富山で進行方向を逆にするので、しばらく停車して高山本線のホームを占領する。いったい神岡行はどうなるのかと心配になって駅員に訊《たず》ねると、この「のりくら7号」の後部六両を切り離して前の三両が神岡行、後の三両が途中の猪谷《いのたに》まで行くのだという。なかなかややこしい。
　時刻表には車両運用についての記載はないが、愛読者だから、書いてないことでもだいたいの見当はつく。しかしこの神岡行の運用は奇想天外で、私の見当の及ぶところではなかった。（「第1章　神岡線・富山港線・氷見線・越美北線」より）

この部分を読むと、車両の運用がどうとかいう細かいことは鉄道ファンでなければわからないとしても、要するにこの著者は時刻表を見ながら一人であれこれ想像を巡らせて楽しむのが好きなんだな、ということは総じて伝わってくるでしょう。

ただ、本人は「愛読者だから、書いてないことでもだいたいの見当はつく」と書いていますが、いったい宮脇は何が時刻表から見当がつくと言っているのか、鉄道ファンでない読者にはすぐにはわからない箇所ではないかとも思われます。

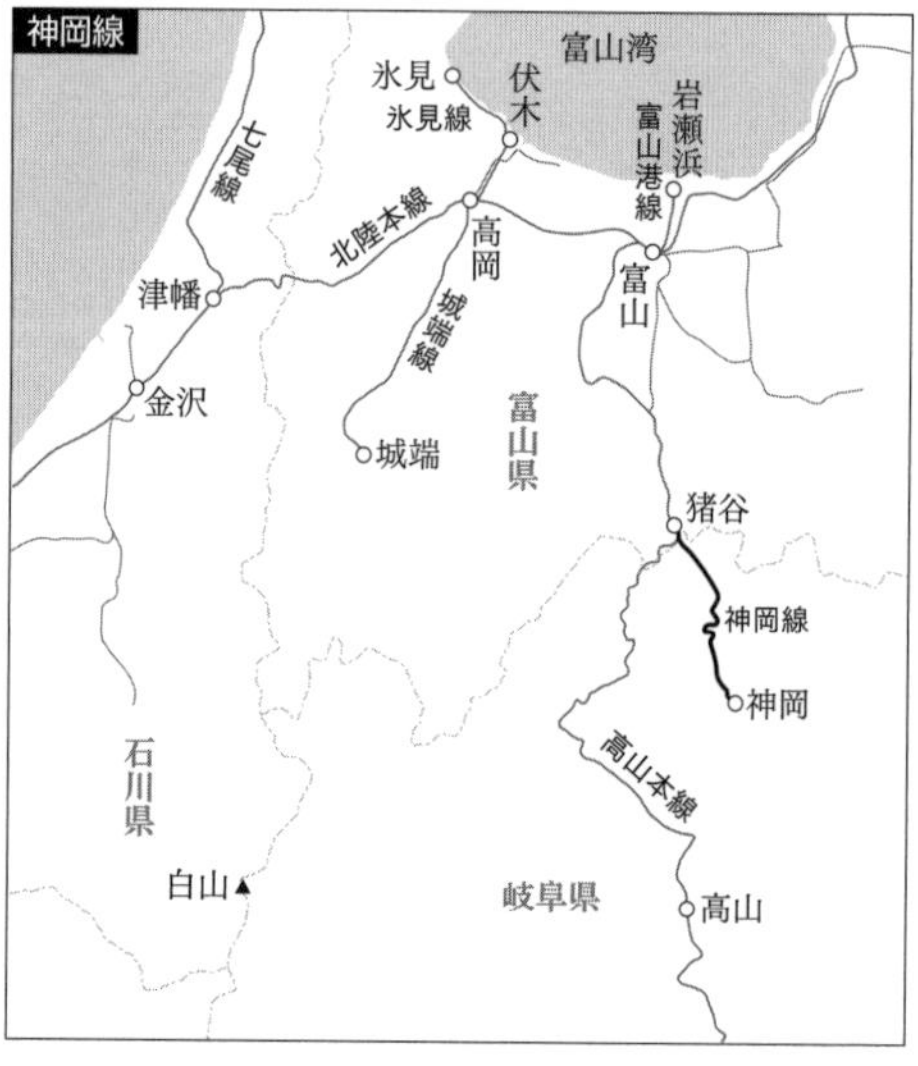

そこで、ここで宮脇が何を言わんとしているのか、鉄道ファンではない読者のために、単純な例を挙げて説明してみます（下の説明図も参照）。

時刻表で、A駅→B駅→C駅の路線があり、「A発C行き」という列車（下り列車）があるとします。ふつうはこの列車がC駅に着くと、「C発A行き」（上り列車）になって折り返します。そうやって往復運転をする路線の時刻表は、単純に「A発C行き」と「C発A行き」が同じ本数だけ下りと上りの時刻に並びます。

ただ、市販の時刻表には、ローカル線のどの列車が何両編成とか何の車両が使われているとか、そういうことまでは書いていません。だから、この路線の列車が何両編成なのかは、時刻表からはわかりません。

ところが、その時刻表を見ると、「CからA行き」のほかに、途中のBからAまで行く列車だけが、上り列車の時刻表の中に設定されていることがあります。その反対の「A発B行き」という下り列車はないにもかかわらず、です。そうすると、B始発の列車を走ら

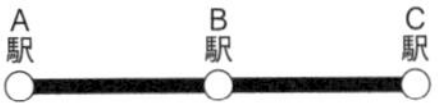

AC線　下り時刻表（A→C）

列車番号		1D		3D	5D	7D
A	発	500	…	600	700	830
B	〃	530	…	640	730	900
C	着	550	…	700	750	920

AC線　上り時刻表（C→A）

列車番号		2D	1002D	4D	6D	8D
C	発	600	…	710	800	930
B	〃	620	700	730	820	950
A	着	650	730	800	850	1020

AC線の列車は原則としてA駅―C駅間を単純往復しているが、上り時刻表にのみ、途中のB駅を始発とする列車(1002D)が運行されている。
下り時刻表を見ると、AB間の所要時間はどの列車も30分なのに、3D列車だけ40分かかっているので、この列車だけがB駅で10分停車していると推測できる。そして、3D列車がB駅から発車してから20分後に、上りの1002D列車がB駅から発車している。このことから、3D列車は他の列車よりも多い車両数でA→Bと走り、B駅で10分停車の間にそのうちの一部を切り離してCへ向かい、切り離された車両がB始発の1002D列車として折り返しているのではないか、と予測できる。1002D列車の運行時刻が朝7時台であることから、朝の通勤・通学客の利便を図るためB駅からの上り列車を増やしているのではないか、ということも推測の根拠となる。

せるためには、他の駅から回送運転などでBへ車両を持ってこないといけないのですが、通常は、列車を走らせるなら客扱いをします。ローカル線で旅客向けの車両に客を乗せずに回送するというのは、営業効率の面からは考えにくいところです。

このとき、時刻表をよく見ると、「A発C行き」の下り列車がB駅で長時間停車していて、しかも「B発A行き」という途中駅発の上り列車は、この下り列車の長時間停車の少し後に出発していることがあります。そうすると、おそらくはその前の「A発C行き」の列車が二両以上でA駅を出発して、途中のB駅でそのうちの一部の車両を切り離して、Bから終点のCまでは残った車両だけで運行する、一方、切り離されてB駅に残った車両は折返しの「B発A行き」上り列車となる、という予測がつくわけです。

こういう読み方は、時刻表に説明があるわけではありません。誰かが教えてくれるわけでもありません。それでも、記載されている時刻、数字の羅列をいつも見ていると、気が付く人は多いようです。そうして、いつのまにか、時刻表好きの鉄道ファンになっているというわけですね。

こういう、時刻表に直接の説明はないけれども時刻の数字をよく見比べるとわかるような事情というのは、時刻表を使った鉄道ミステリー小説などによく使われています。

全国どこでも同じ車両だった時代

鉄道ミステリーの素材になりやすいという点に関して、この富山駅到着の場面に見られる当時の国鉄の事情を補足しておきます。

この場面では、ホームに入ってきた急行「のりくら7号」の車両が、切り離されたりいくつかの行き先に変化したりと、複雑な運用がなされています。こういうことができたのは、昔の国鉄は、どこの路線でも全国共通でだいたい同じ形の車両を使っていたからです。

国鉄が分割・民営化された昭和六十二（一九八七）年四月からすでに三十年以上経ち、今ではJR各社がそれぞれ独自に旅客車両を開発するのが当たり前になっています。でも、それは明治以来の日本の鉄道の歴史全体の中ではごく最近の話であって、全国一元経営の国鉄の旅客車両は、機関車に牽引される客車、自走能力があるディーゼルカー、電化区間で走れる電車と動力ごとに形式が分かれ、さらに特急用、急行用、普通列車用に区別されてはいたものの、地域や路線ごとに車両を区別するということは行われていませんでした。例外的に、特殊な防寒対策を要する北海道向けの車両はありましたが、それにしても外観は本州以南の車両とほぼ同じでした。

異なる形式の車両を少しずつ製造するより、同じ形式の車両を大量に製造するほうがコストが抑えられるし、運転したり日々の管理をする国鉄職員にとっても、動かしたり点検したりする車両の種類はできるだけ少ないほうが合理的なのは明らかです。しかも、どこの路線にも同じような車両が走っているので、列車を走らせる国鉄側としては、行き先を気にせず一つの車両をあちこちの路線に出入りさせて効率的に運用しやすくなります。

たとえば、一日数本しか走らないローカル線の場合、次の列車の出発時刻まで時間が空いているときに、前の列車で使用した車両をそのまま駅のホームでひなたぼっこさせておくより、空き時間に近くの他の路線の列車に投入して一仕事させたほうが効率がよいことになります。そうは言っても、その近くの路線の始発駅まで独立した列車として走らせると、運転士や車掌を単独で乗務させる必要があるので、その始発駅までは既存の列車に車両を連結させてついでに運んでもらい、始発駅で切り離すという芸当をします。

このとき、既存の列車とぶら下がる側の車両の形式や外観が同じ、あるいは似ていれば、編成単位ではなく一両単位で車両を増やしたり減らしたりしやすくなります。それで、同じような外観の車両が連なっている列車の前半分と後ろ半分で行き先が違うとか、途中で切り離して別の列車になるとかいうことが起こります。この富山駅の場面も、そうした一例と言えるでしょう。

同じような色や形の車両がどの路線にも同じように走っているということは、旅客側からすると、車両の所属路線や行き先が直ちにはわかりにくくなります。鉄道ミステリーの素材にされやすかった原因もそこにあります。

そういう、時刻表から読み取りにくい複雑な車両運用が行われるとどうなるか、ということが、その先に実際に見たこととして綴られています。

急行用車両の神岡行は、後部に三両の猪谷行をくっつけた長い編成で一五分遅れて発車した。私の乗っている車両にはほかに三人しか客がいない。空は白みはじめたが、車内に灯りがついているので窓の外は闇《やみ》に見える。そのうち、ひとり旅らしいジーンズの女性が不安そうに私のところへやってきて、「金沢へは何時に着くのでしょう」と聞く。名古屋から乗ってきて富山で車両ごと切り離されたのである。芸の細かい車両運用をやると、やはりこういう客がでてしまう。

お気の毒だが富山へ引き返さねばならない、しかしつぎの駅で降りても当分富山行は来ない、じつは今あなたが乗っているこの列車の後部三両が猪谷で切り離されて富山へ引き返す、それが富山行の一番列車だから、この辺の淋《さび》しい駅で一時間半も待つよりこのまま猪谷まで行って戻ったほうがよい、と教えると、「イノタニっていうところまでどのくらいかかるんでしょう」と言う。「あと四〇分くらい」と答えると、不安そうな顔をして自分の席へ戻っていった。変なおじさんに猪谷までついて来いとでも言われたかのようであった。それに、猪谷という駅名は聞いただけでも恐しげである。

そのうち彼女は、車掌が通りかかると呼びとめて何か訊ねている。訊ねる声は聞きとれないが、車掌の説明はよく聞こえる。どうやら私の説明では信用できなかったらしい。(「第1章 神岡線・富山港線・氷見線・越美北線」より)

この場面に登場しているのは、車掌さんを除くと、時刻表をよく読んだりはしないふつうの乗客と、読み込み過ぎてその面白さにとりつかれているおかしな自分、の二人です。そして、宮脇本人は自分のことを「猪谷までついて来いと言った変なおじさん」と表現しています。

この作品ではこのように、宮脇が自分のことを「時刻表を読み込み過ぎておかしなことまで知っている変わり者」と位置付けていて、それをあたかも第三者から見ているように淡々と描写している場面が随所に出てきます。その他人事のような表現の仕方が、多くの読み手におかしみを感じさせるのだろうと思われます。

宮脇が描くローカル線の車窓風景

紀行文で欠かせないのは、旅の途上で接する風景の描写です。宮脇は、これがかなりの難題であると認識していました。確かに、これがけっこう難しいのです。私も紀行作品をいくつか書いていますが、文章でその情景を的確に表現するというのは、相当な文章力が要求されます。

この作品は鉄道紀行ですから、列車の車窓に映る風景がどのようなものか、が全編にわたって登場する全国各地のローカル線の描写の中で出てきます。誰が見ても同じように見えるはずの車窓に流れる景色を、宮脇はどのように表現して紀行作家としての高評価を受けたのか。それを、いくつかの場面を通してみていきましょう。

まずは九州の松浦線、現在の第三セクター松浦鉄道です。宮脇は、伊万里から有田へ向かう列車に乗りました。

蔵宿を過ぎると、右から佐世保線が合流してくる。ほかの線が合流したり分岐したりするのを見るのは、鉄道旅行の楽しみの一つである。もっとも、きわだって面白いわけではないから、同行者の脇腹を突っついて注意を喚起したりはしないけれど、叢《くさむら》のあいだから一条の線路が音もなく接近してきて、ぴったり寄り添う。うっかりしていると知らぬ間に密着していることもある。けじめをつけずに同棲《どうせい》したみたいな趣がある。(「第3章　唐津線・松浦線・大村線・三角線・指宿枕崎線・宮之城線・香椎線・勝田線・日田彦山線・田川線・伊田線・添田線・上山田線・加古川線・三木線・北条線・鍛冶屋線」より)

もう一つ、今度は北海道の道北、オホーツク沿岸を走っていた興浜北《こうひんほく》線というローカル線に乗車したときの様子です。

興浜北線は、オホーツク海に近い浜頓別《はまとんべつ》という町から分岐していた支線ですが、昭和六十（一九八五）年に廃止されています。さらに、起点の浜頓別を通る天北《てんぽく》線という路線も平成元（一九八九）年に廃止されてしまったため、この場面に出てくる鉄道は現存していません。

今はなき北海道の最果てのローカル線で、宮脇が見た光景です。

北見枝幸《えさし》までの三〇・四キロを走る興浜北線のディーゼルカーは11時45分発で接続はよい。いま乗ってきた稚内行が一九分も停車しているうちに、先きに発車する。しかも、発車するとすぐ東に急カーブし、ぷいと尻を向けるように天北線と分かれてしまう。

一般に北海道のローカル線は、本線との分かれ方があっさりしていて、駅の構内を出はずれるやいなや向きを変えて行ってしまうのが特長である。その点、内地の支線がしばらく本線に寄り添って走ってから、おもむろに緩いカーブで分岐してゆくのとは趣がちがっている。これは地形の関係でも設計者の個性によるのでもなく、私の考えでは人口が少ないからだと思う。人口が少ないから町の規模が小さく、内地のように駅の前後の線路沿いに家が建てこんでいない。駅を出るとすぐ自由に線路の敷ける原野になるから、早速にも目的地の方角に向かうのであろう。

そのかわり、内地のようにいつのまにかそっと寄り添ってきたり、しばらくのあいだ未練を

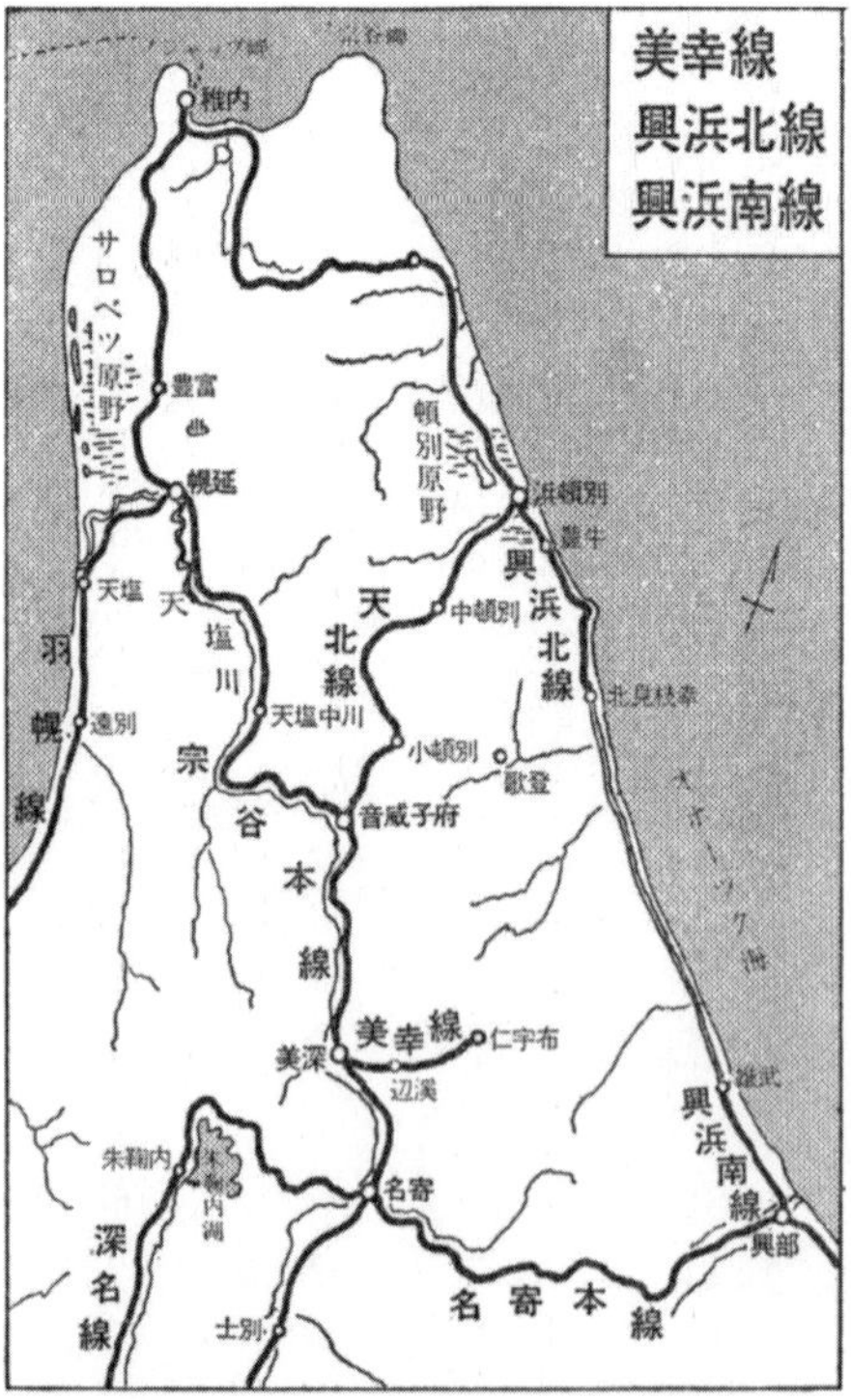

『時刻表2万キロ』の単行本に掲載されている興浜北線その他の路線図。宮脇は地図へのこだわりが強く、この図も含め同書の路線図は自分で線路の形などを描き、担当編集者が写植文字を切り貼りして自作したという。

残してから徐々に遠ざかってゆく、あの情緒はない。だだっ広いところでぷいと背を向けられるのは、西部劇のようで味気ないが、北海道らしいのかもしれぬ。(「第7章　美幸線・興浜北線・興浜南線・名寄本線・渚滑線・歌志内線・「上砂川線」・万字線」より)

「けじめをつけずに同棲したみたいな趣」とか、「ぷいと尻を向けるように」とか、「西部劇のよ

うで味気ないが」といった表現は、列車の車窓から見える景色の描写としてはあまり使われない

言い方です。この種の独特な情景描写の表現が、『時刻表2万キロ』に限らず、宮脇作品にはとてても多く見られます。

宮脇俊三の紀行作品の大きな特徴として、宮脇は紀行文に写真を挿入することを善しとしない、という点が挙げられます。著書のうち文中に写真が多数挿入されているのは『徳川家康タイムトラベル』(昭和五十八年、講談社。平成十年、文庫化に際して『徳川家康歴史紀行5000キロ』と改称)くらいです。これだって本人はできれば外したかったようで、あとがきを読むと、初出の連載時に写真を載せていたことを踏まえて単行本化されたことから、「もともと写真と文がセットになっていた」といういきさつからやむを得ず写真を挿入することになった、ということを言い訳のように書いています。

紀行文に写真を入れないという編集方針が『時刻表2万キロ』の原稿執筆当初の宮脇自身による提案だったことは、同書の出版に携わったフリー編集者の丹野顯氏が、平成二十一(二〇〇九)年に編まれた『文藝別冊　宮脇俊三』の中で随筆を書いて明らかにしています。

花開亭での初顔合わせの席で、宮脇さんが単刀直入に申し入れたことが二つあって、第一は早々に担当編集者をつけること、第二は著作には写真はいっさい載せないということだった。第一の点はすぐにその場で、当時は営業部長だった阿部さん自身が担当することで決まった。第二については、どのような本にするか、宮脇さんの中ではすでにはっきりしていたことがわかる。（丹野顯「第一作を共に作った編集者が語る、『時刻表2万キロ』のころ」『文藝別冊　宮脇俊三』より）

このような紀行文と写真の関係についての考えが、自身のデビュー作を売り出すための奇抜なアイディアなどではなく、長い編集者としての経験に基づく信念であることを、宮脇は『時刻表2万キロ』以降、さまざまな場面で主張しています。『旅は自由席』（平成三年、新潮社）という単行本に収められている「文章と写真と」という随筆もその一つです。

宮脇は編集者時代に、北杜夫の『どくとるマンボウ航海記』（昭和三十五年、中央公論社）の編集を担当していました。この旅行記は、写真なしの外国旅行記という、当時としてはかなり珍しい形態でした。

その「小説も書く若い精神科医」が帰国するのを待ちかまえて、私は航海記の執筆を依頼した。その際、旅行中のたくさんの写真も見せていただいた。珍しいものばかりだった。写真をふんだんに入れた本にしよう、と私は思った。

半年ほどで原稿が完成した。その出来ばえは期待をはるかに上回っていた。眼を見はるほど自由闊達で伸びやかな、若い心が活動するような文章にはユーモアさえ溢れていた。

その文章に魅了された私は、すっかり満足し、写真を挿入することなど念頭から消えてしまった。

翌年の春、写真なしの外国旅行記という当時としては珍しい本が出版された。が、文章の魅力が読者をとらえ、たちまちベストセラーになった。北杜夫著『どくとるマンボウ航海記』である。(『旅は自由席』より)

この内容を素直に受け取ると、編集者としての宮脇は、当初から写真を入れないことを想定していた、というわけではなかったようです。それが、紀行文への写真挿入を積極的に忌避するまでに至ったきっかけが、この後に続けて紹介されています。

編集者として思わぬ幸運に調子づいた私は、「世界の旅」全一〇巻というシリーズを企画した。既刊の外国旅行記を地域別に集めるというシリーズである。写真も各ページごとに挿入することにした。旅行記に写真は欠かせないのが編集の常道であった。

第一回配本には目玉商品として『どくとるマンボウ航海記』を収めた。こんどは写真が何十枚も本文に割って入った。

ところが、刷り上がった見本に眼を通しているうちに、私は愕然とした。写真不要、いな邪魔！　せっかくの文章の魅力を減殺さえしているのである。

「世界の旅」シリーズに写真を挿入しようとの編集方針がまちがっていたとは思わない。しかし、他の収録作品の著者にたいしては失礼にあたるが、第一級の紀行文には写真など無用にして無縁なのだ。

そういえば、内田百閒の『阿房《あほう》列車』に写真はいらない。『おくのほそ道』に写真を入れたらナンセンスだろう。文章とは写真などとは次元のちがうところで成立する精神の作用なのだ。

（『旅は自由席』より）

「第一級の紀行文には写真など無用」という確固たる信念は、阿川弘之の『南蛮阿房第2列車』（昭和六十年、新潮文庫）の解説にも綴られています。この解説は、宮脇の『乗る旅・読む旅』（平成十三年、JTB）という随筆集に収められていて、他の作家の作品解説ではありますが、宮脇作品の一つとして単行本の中で読むことができます。

ずいぶんと辺鄙《へんぴ》な国のイカガワしい汽車に乗っておられる。どんな汽車なのか写真を見たくなるはずなのだが、見たいと思わない。むしろ写真など無いほうがいいと感じる。

ここが大切なところで、そんな鉄道紀行を書ける人が何人いるだろうか。内田百閒と阿川弘之の二人だけである。私など、なんとかその域の端くれに入りたいものと、写真なしの本を出版しているが、さすがに読者や評者の眼は高く、「写真を入れろ」との書評や手紙に接する。チクショウと思うけれど、高根に見本が二人並んでいるから、しょうがない。(『乗る旅・読む旅』より)

現在では、ブログやSNSで旅行記を公開する人が大勢います。そういうウェブ上の旅行記に写真がないというのは、ほとんど考えられないでしょう。

でも、宮脇俊三という物書きは、文章で情景を読み手に思い浮かべさせることができる文章がよい紀行文であり、自分は文筆家である以上はそういうものを書きたい、という固い信念を持ち続けていて、生涯変わりませんでした。そういう作品を書くには相当な文章力が必要ですが、常に、そのレベルへ到達しようと心がけていたようです。

そして、本人は「そんな鉄道紀行を書けるのは内田百閒と阿川弘之だけ」と謙遜していましたが、宮脇の紀行文はそのレベルへ到達できていた、と多くの人に評価されていた、だからこそ、内田百閒、阿川弘之、そして宮脇俊三の三人が、鉄道紀行文学の分野で際立って高い評価を受けている、ということが言えるのだと思います。

「売れるものは良書」の発想と車両形式

ここまでに引用した『時刻表2万キロ』の場面を振り返ると、この作品は鉄道ファン向けの鉄道雑誌にはかえって載りにくいかもしれない、と感じさせる特徴が読み取れます。文中に、車両の形式などに関する細かい話はほとんど出てこない点です。

鉄道旅行記では、特に書き手が鉄道に詳しい人ほど、文中で車両の形式に言及するケースがよくあります。それは、記録という意味で大切なことと考える鉄道ファンも少なからずいて、きちんと形式番号が書かれていないと記録としての意味が薄れる、という捉え方がなされるからなのですが、そういう読者からすると、宮脇作品というのはやや物足りなく感じられるのかもしれません。

車両形式に文中でほとんど触れないことについて、宮脇は『旅』の宮脇俊三特集（二〇〇〇年九月号）に掲載されている「宮脇ファンからの100の質問」というインタビューで「非常に車両に弱いんです（笑）」と回答しています。この「弱い」というのが、どのレベルを標準にして言っているのか定かでないのですが、少なくとも、車両形式に関する記述を欲する鉄道ファンが求めそうな車両形式に関する情報を正確に語る自信がなかった、というのは十分あり得る話です。

ただ、鉄道紀行作品の要素として「車両形式に関する記述は必要な情報だ」と考えて、そのほうが作品が売れるというのであれば、車両形式についてもある程度のことはきちんと調べて文中に取り込んだのではないかという推測もできます。仮にそうだとすると、宮脇は本当に車両に関する知識がなかったわけではなく、平均的な鉄道ファン程度の理解はあったけれども、その種の話題を文中に織り込むことを意図的に避けていた可能性も考えられます。

というのは、宮脇は『旅は自由席』に収められている「自作再見『時刻表昭和史』」という随筆の中で、編集者時代の経験を踏まえて「売れるものは良書である」と断言しているからです。鉄道ファンではない読者が読むのにとっつきやすい作品とするうえで、車両の形式について細かく文中で説明する必要はない、それを細かく書きだすと、コアな鉄道ファンには読まれても、広く読まれる文学作品ではなくなると判断していた、という推測は十分に成り立ちます。編集者時代に養われた、広く読まれるためのツボのようなものを感覚的に摑んでいたのかもしれません。

真意は確かめようがないのですが、車両形式に関する細かな記述が羅列されないことによって、鉄道マニア受けする情報や記録の要素よりも、文学作品としての雰囲気がより強く感じられるようになっていることは間違いありません。だからこそ、その文体に惹かれて、鉄道ファンに限らず読者が増えていったのでしょう。

大らかだった非公式の運行実態

記録という観点から見ると、車両の形式とは別の意味で、この『時刻表2万キロ』は貴重な記録としての要素も併せ持っています。それは、昭和五十年代初頭の国鉄列車の運行実態です。それも、公式の記録に残らないような、地方ローカル線の大らかな列車運行の状況が体験談として語られています。

たとえば、九州の宮崎県に、高千穂線という路線がありました。この路線は平成元(一九八九)年に第三セクターの高千穂鉄道に転換しましたが、平成十七年の大型台風で大きな被害を受けたことで、そのまま復旧できずに廃止になってしまった路線です。

この路線の終点近くに高千穂橋梁《きょうりょう》という鉄橋があって、これは高さ百五メートルもある、日本で最も高い鉄道橋でした。宮脇が高千穂線に乗って、その鉄橋を渡る場面があります。

> 高千穂線は昭和四七年に日《ひ》ノ影《かげ》から高千穂まで延長され、そこに水面から一〇五メートルもある日本一高い鉄橋がかけられていた。その高千穂橋りょうを渡るところをよく見ようと運転席のすぐ近くに立ったら、驚いたことに鉄橋の中央のいちばん谷の深いところでディーゼルカーが停まり、振り返った運転士が「そこの窓を開けて首を出してみなさい」と言った。鉄橋の外側に保線係のための細い人道が付帯しているので直下は見えなかったが、さすがに高い。しかも展望台などとちがって、ほんらい停止して眺めるべきところではないから空中ケーブルが途中でストップしたような別種のスリルがあり、このサービス停車はいささか有難迷惑だったので、「きょうは定時より二分早いから、どうぞごゆっくり」と言う運転士を促して、すぐ発車してもらった。(「第9章　妻線・湯前線・甘木線・矢部線・長崎本線・漆生線・糸田線・香月線・宮田線・室木線」より)

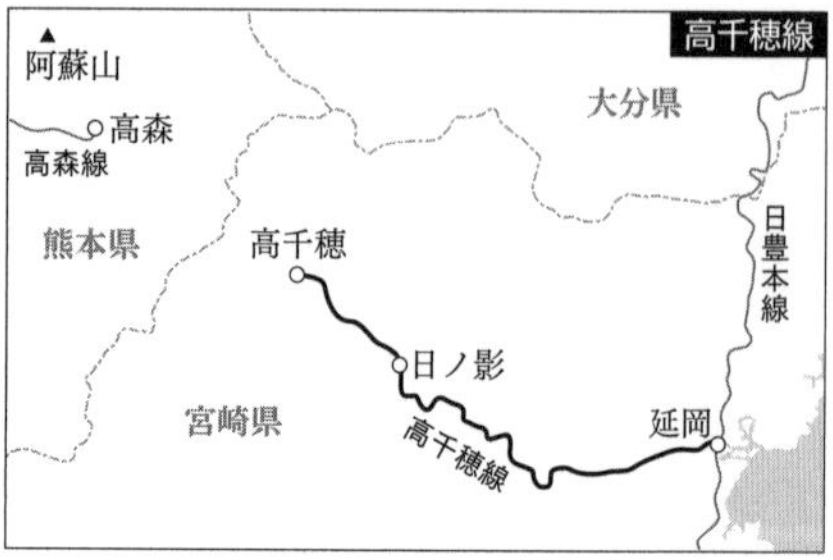

もう一つ、今度は北海道の名寄《なよろ》本線という、主にオホーツク海沿いを走っていた路線でのエピソードです。「本線」と名がついていますが、赤字ローカル線として平成元年に廃止されてしまいました。この路線の湧別《ゆうべつ》という終着駅から中湧別《なかゆうべつ》という駅までの一区間を、一両編成のディーゼルカーに乗ったときの場面です。「一区間」と書きましたが、正確にはこの両駅の間に四号線《しごうせん》という、正式な駅よりランクが低い仮乗降場がありました。ディーゼルカー一両がやっと停車できる短いホームがあるだけの、簡素な乗降施設です。

当時、この区間は一日二往復しか走らない路線でしたが、夕方のこの列車に乗っていた乗客は宮脇俊三だけ。あとは運転士と車掌、という状況です。

そうやっていると車掌が来て、中湧別まで行くのかと訊ねる。この列車は中湧別止まりだから判りきったことを聞くなと不審に思ったが、車掌がそれを運転士に告げたらしく、ディーゼルカーは仮乗降場の四号線

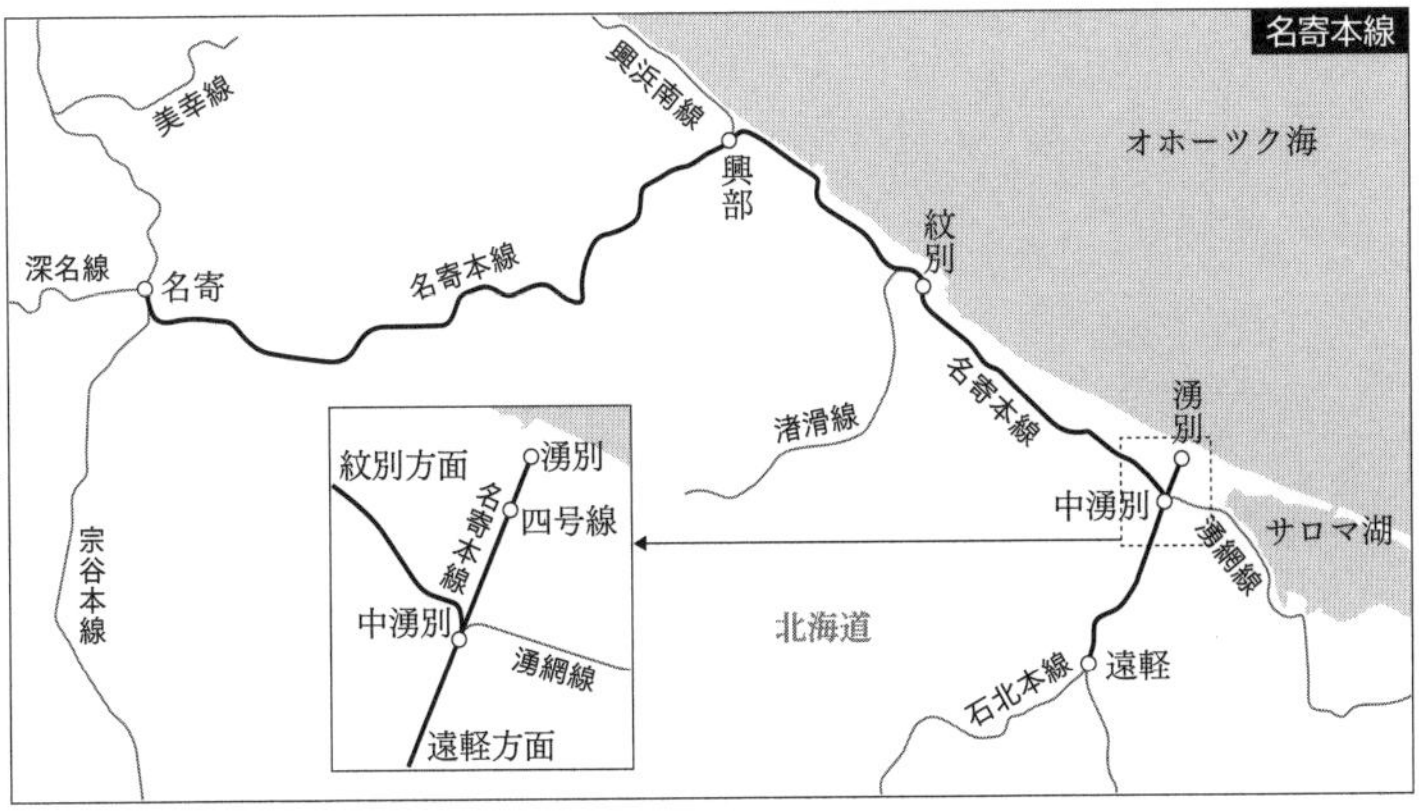

を通過した。道内時刻表には四号線の時刻が17時24分と載っているのに、停車しないのである。乗る客がいないのは運転席から見ればわかるから、私に下車駅を訊ねたうえで通過したのであろう。どうも鉄道というよりはバスに近い。(「第7章　美幸線・興浜北線・興浜南線・名寄本線・渚滑線・歌志内線・「上砂川線」・万字線」より)

今、二つのローカル線での場面を紹介しましたが、高千穂橋梁では運転士が高さ百五メートルの鉄橋の真ん中で乗客の宮脇にスリルを楽しんでもらおうと、サービス精神から停車しています。湧別から中湧別の区間では、途中に仮乗降場という、北海道内で発行されている時刻表にしか存在が記されていない小さな駅扱いの場所があったのですが、宮脇が下車しないとわかると通過してしまっています。

現在のJRで、定期列車の運転士が赤信号でもないのに高さ百メートル以上の鉄橋上で旅客にスリルを味わってもらうためにわざわざ停止したり、時刻表上で停車と明記されている駅を乗務員の判断で通過したりしたら、どうなるでしょうか？　発覚したら大変なニュースになってしまうに違いありません。

当時は地方へ行くと、一般の定期列車の運行がこんなふうに、かなり大らかに行われていたわけです。こういう事実は公式の記録には残らないのが通常なので、現場の運行実態を示した貴重なエピソードと言えるでしょう。

旅行後のひそかな楽しみ

そうした旅先の話とは別に、この『時刻表2万キロ』では、旅行から戻ったときの本人の日常生活の場面も出てきます。これが、旅行記としての作品全体の中で、非常に良いアクセントになっています。

その日常の場面は、数ある宮脇作品の中で、唯一この『時刻表2万キロ』だけにしかない要素でもあります。すなわち、この作品で鉄道旅行を繰り返しているときは、本人はまだ作家専業ではなくサラリーマンだった、という点です。中央公論社の編集者であり、経営幹部だった時期の旅行記なんですね。で、奥さんは専業主婦、小学生の娘さんが二人いる、という典型的な昭和のサラリーマン家庭の父親でした。

その父親が、週末ごとに奥さんも子供も残して一人で名も知れない地方のローカル線にひたすら乗りまくりに行くというのは、ふつうの家庭とはかなり違っていると言えるでしょう。その様子が、まるで他人事のように描かれているところが、この作品の面白さを高めている別の要因でもあると思います。

まずは、本人が旅行から帰ってきたシーンです。

一〇時三〇分ごろ家に帰着した。女房がぽつんとひとりでテレビドラマを見ているので、子供たちは？　と聞くと、「もう寝ているわ、起こしちゃだめよ」と言った。この家には両親の年齢のわりに小さい女の子がふたりいる。父親はよく旅に出るが、つねに土産物を買ってこないので、子供たちはその帰りを待ちはしない。（「第1章　神岡線・富山港線・氷見線・越美北線」より）

なかなか際立った場面ですが、たぶんいつも同じような光景だったのでしょう。宮脇家では父親が週末に一人で鉄道旅行に出かけ、家族はそれに全く同行せず、関心も示さないというスタイルが確立しています。奥さんも子供たちも、父親の鉄道旅行には全然興味がないらしいことが、この短い場面からよく伝わってきます。

そしてこの場面の直後に、『時刻表2万キロ』という作品にとって最も重要と言えるであろう、宮脇自身の帰宅後の様子が描かれています。

宮脇は、ただ汽車に乗って楽しんでいるだけでなく、全線完乗という大きな目的があるわけで、そのために自身の乗車記録を旅行から帰るたびに詳細に残す作業をしていました。現在のようにコンピュータなどない時代ですから、白地図といろいろな記録ノートにマジックペンや鉛筆で克明に記録していました。

疲れてはいるが、じつはこれからひそかな楽しみがある。

私の手もとに一巻の白地図がある。縦四〇センチ横一メートルほどで、二百万分の一の日本列島が西北を上にして斜めにねている。白地図だからグレイで刷られているが、どういうわけか国鉄を太い線であらわしたほかは、私鉄と県境とおもな地名が記入されているだけである。発行所は、国土地理院の地図の販売店として知られる武揚堂となっている。

乗った線路を塗りつぶしてゆくには絶好の白地図であるが、まさかそのために発行したのではないだろう。しかし私はそのように使わしてもらっている。未乗線区に乗って帰ってくるたびに、やや太めのマジックペンで灰色の線の上を赤く塗る。神岡線、氷見線、越美北線が赤線に変り、富山港線も末端を少し残して赤くなる。二百万分の一であるから一・一キロは〇・五ミリにしかならない。富山港線全線が塗りつぶされたように見えるので、鉛筆でしるしをつけておく。（「第1章　神岡線・富山港線・氷見線・越美北線」より）

この後、地図の余白に乗車年月日と路線名とキロ数を小さな字で記入していき、さらに乗車距離数を旅行のたびに消しゴムで消しては鉛筆で直していく。そういう作業を、旅行から帰るといつもやっていました。つまり、この作業は昼間の旅行と常に一体になっています。ただ乗るだけ乗って楽しければそれでいい、というわけではなかったんですね。

当然ですが、こんな作業を誰かに指示されてやっているのではないし、誰かに自慢するつもりもない。自分一人が楽しむためだけに、地図とノートへの記録を続けていました。

記録の客観性が問題視されることもありません。自分が「この区間は乗車した」と納得するかどうかだけの話なので、完全な自己満足の世界です。

それにしては徹底ぶりが尋常ではないのですが、それが、同じように没頭できる趣味がある人にとっては共感しやすいし、そうでない人からすれば、おかしなことをしていると感じつつも、そこまで夢中になれるものがあることを羨ましく思えて、興味を抱かれたということなのかもしれません。

本業よりも熱中して書いた

サラリーマン時代の宮脇は、仕事と趣味を徹底的に区別していました。国鉄全線を乗りつぶす過程で、会社の仕事のついでに未訪問の区間を乗車しに行くということは、一度もなかったそうです。

ただ、この『時刻表2万キロ』は、宮脇が中央公論社を退社した後に出版されてはいるものの、原稿は在職中の余暇を利用して書いています。その原稿執筆について、本人は『駅は見ている』（平成九年、小学館）という随筆集で、「排泄《はいせつ》作用のような本だったから楽に書けた」と語っていますが、会社勤めをしながら寸暇を利用して原稿を書く作業が「楽」であったとは、ちょっと考えにくいところです。

ただ、長い編集者経験を持つ宮脇にとっては、執筆者として書きたい内容を自分の気の済むまで思う存分練り上げていくのは、新鮮で楽しい作業だったはずです。その楽しかった経験を、宮脇流のユーモアで「楽」と表現したのではないでしょうか。

勤め先の本業を忘れるくらい熱中した。書き上げたときは、自分の墓石を彫り上げたような感慨さえあった。(「あとがき」より)

このあとがきからは、単に自分の経験を一冊にまとめることができた喜びだけでなく、編集の仕事に打ち込んできた自分が初めて書き手の立場で一つの本を作ることができたことに対する、職人的な喜びを読み取ることができます。『時刻表2万キロ』は、そんな職人技の結実であって、だからこそ名作と評価されて日本ノンフィクション大賞を受賞し、鉄道にさして関心のない人たちにも広く読まれてきたのでしょう。

第二章　国内紀行②『最長片道切符の旅』

『最長片道切符の旅』昭和54年、新潮社

現代では再現できない四国入りルート

この作品は昭和五十四（一九七九）年十月に刊行されました。デビューの『時刻表２万キロ』から一年三ヵ月ほど経って出た第二作です。

最長片道切符というのは当時の国鉄、現在のＪＲが発行できる、最も乗車距離が長い片道乗車券のことです。ＪＲの乗車券には片道乗車券、往復乗車券、そして片道乗車券を二つ繋げたような連続乗車券というものもあるのですが、一番メジャーなのは片道乗車券、つまり片道切符でしょう。

改まって「片道切符とは何か」と定義を聞かれると、鉄道ファンでなければ即答するのは難しいかもしれませんが、要するに、乗車駅から最終目的地の駅まで、同じ駅を二度通らない切符のことです。同じ駅を二度通らないということで、地図上でそのルートを辿ると線が交わることが基本的にないので、俗に「一筆書き切符」などとも呼ばれたりします。

その片道切符として、国鉄のルール上最も長い距離を移動するための切符を実際に購入して、それを切符の記載通り実際に乗ってみたのが、この『最長片道切符の旅』でした。作品の刊行は昭和五十四年十月ですが、実際にはその一年前の昭和五十三年十月から十二月にかけて宮脇が辿った鉄道旅行を描いています。

このとき宮脇が購入した片道切符の距離は北海道の広尾という、えりも岬に近いローカル線の終点から、鹿児島にある指宿枕崎線の終着駅・枕崎までの一万三千三百十九・四キロで、これは当時の国鉄路線の六十三パーセントに相当したとのことです。広尾から枕崎まで、最短距離で行けば二千七百六十四・二キロということなので、その四・八倍の距離をわざわざあちこち寄り道しながら乗り続ける、というのがこの切符です。有効期間は六十八日間、当時の運賃で六万五千円でした。

仮に今、同じことをやろうとすると、総距離は一万一千キロ弱で、二千キロ以上短くなります。これは、この宮脇の旅が行われてから四十年の間に、各地でローカル線が廃止されてそもそもJR全線の距離が減った、各地で新幹線が開業するのと同時に並行する在来線がJRから切り離されたため片道切符のルートに入らなくなった、そして、北海道、九州、四国のうち、二つあった四国への鉄道連絡船が消えて瀬戸大橋が本州との唯一の接続路線になったため、ルートに組み入れることができなくなった、という事情があります。

青函トンネルや瀬戸大橋ができてすでに三十年以上が経った今では馴染みがない方も増えていますが、かつて本州と切り離された北海道と四国の鉄道は、国鉄が直接運営する連絡航路によって結ばれていました。この航路に就航する船を連絡船といい、一般的には鉄道駅のホームから船乗り場が直結していて、列車を降りたら改札口を出ることなくそのまま船に乗り換えることができました。

中でも、青森と函館の間は両方の地名を一文字ずつとって青函《せいかん》連絡船、本州と四国の間は岡山県の宇野と香川県の高松の間を結ぶ宇高《うこう》連絡船が、それぞれメインルートとして知られていました。

これらの連絡航路は、距離表示も鉄道に準じていて、切符を買うときは航路の距離を単純に鉄道利用区間の距離と合算して、通しで切符を買うことができました。連絡船は鉄道同士を、文字通り連絡するものだったわけです。ちなみに九州の場合は、戦時中に関門トンネルが開通していたので、関門海峡を渡る連絡船は昭和五十三年当時にはすでにありませんでした。

一方、国鉄で北海道へ行くには青函連絡船に乗るしかないので、最長片道切符の旅では必ず利用します。四国へは宇高連絡船がメインルートだったので、宮脇はこれも利用しています。

でも、北海道も四国も九州も、本州との連絡ルートが一つしかないとしたら、最長片道切符の旅で一度島内に入ったらもう出られません。だから、最長片道切符の旅をしようとしたら、三つのうちどれか一つの島に立ち寄ることをあきらめなければなりません。

その場合、外れるのは四国になります。四国の中の鉄道路線が、北海道内や九州内の鉄道路線と比べて最も短く、「最長」の片道切符という条件に適合しないからです。

ところが、この宮脇の旅の当時は、四国へ通じる国鉄の連絡航路が宇高航路以外にもう一つありました。それが、仁堀《にほり》航路という連絡船です。これは、広島県の呉《くれ》線の途中にある仁方《にがた》という駅の近くから、瀬戸内海を挟んで対岸の愛媛県の堀江《ほりえ》という、現在のＪＲ四国の予讃線の途中に

最長片道切符の経路

昭和53(1978)年10月現在

乗車キロ(国鉄「営業キロ」による)

鉄道　13,118.4キロ

連絡船　201.0キロ

計　13,319.4キロ

＊国鉄全旅客営業キロは21,011.7キロ

＊運賃計算用キロは13,267.2キロ

通過した駅　3,186駅

＊国鉄全駅は5,137

＊他に臨時乗降場73、客扱信号場1を通過

運賃(乗車券のみ)　65,000円(昭53.10現在)

乗車券の通用期間　68日

＊算出法は、50キロまで当日限り、200キロまで2日、以下200キロごとに1日を加える

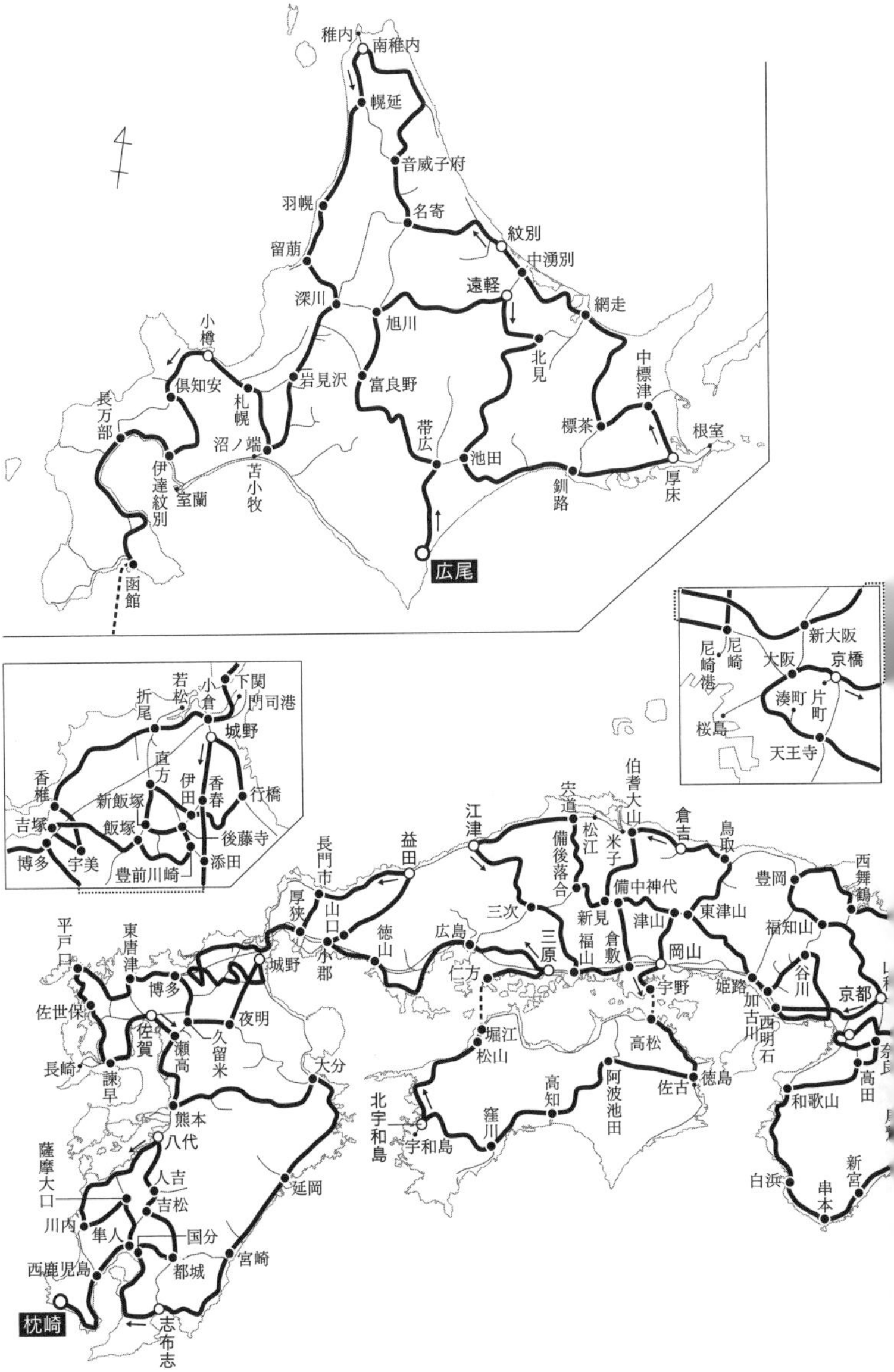

稚内
南稚内
幌延
音威子府
羽幌
名寄
紋別
留萌
中湧別
遠軽
深川
網走
旭川
小樽
北見
倶知安
岩見沢
富良野
中標津
札幌
長万部
標茶
沼ノ端
帯広
根室
池田
苫小牧
伊達紋別
室蘭
釧路
厚床
広尾
函館
新大阪
尼崎
尼崎港
大阪
京橋
湊町
片町
桜島
天王寺
若松
小倉
下関
門司港
折尾
城野
直方
伊田
香春
行橋
香椎
新飯塚
吉塚
飯塚
後藤寺
博多
宇美
豊前川崎
添田
伯耆大山
宍道
倉吉
江津
松江
米子
鳥取
備後落合
益田
長門市
備中神代
豊岡
西舞鶴
厚狭
三次
新見
東津山
山口
徳山
広島
津山
福知山
平戸口
東唐津
小郡
三原
福山
倉敷
岡山
谷川
城野
仁方
宇野
姫路
京都
博多
加古川
西明石
佐世保
佐賀
夜明
瀬高
久留米
堀江
松山
高松
奈良
長崎
諫早
大分
高知
阿波池田
佐古
徳島
高田
和歌山
熊本
北宇和島
宇和島
窪川
八代
薩摩大口
人吉
延岡
白浜
新宮
串本
川内
吉松
隼人
国分
宮崎
西鹿児島
都城
枕崎
志布志

ある駅の近くにある港との間を結んでいました。

　連絡船と言っても、宇高連絡船や青函連絡船のように、駅のホームと港が直結しているわけではなく、急行列車も止まらないような小さな駅を降りて少し歩いて港へ行って乗る、という、なぜ国鉄の連絡船がここにあるのかわからないような地味な航路でした。昭和五十七（一九八二）年六月限りで廃止されています。

　その仁堀連絡船を利用したときの様子が、この『最長片道切符の旅』に描かれています。

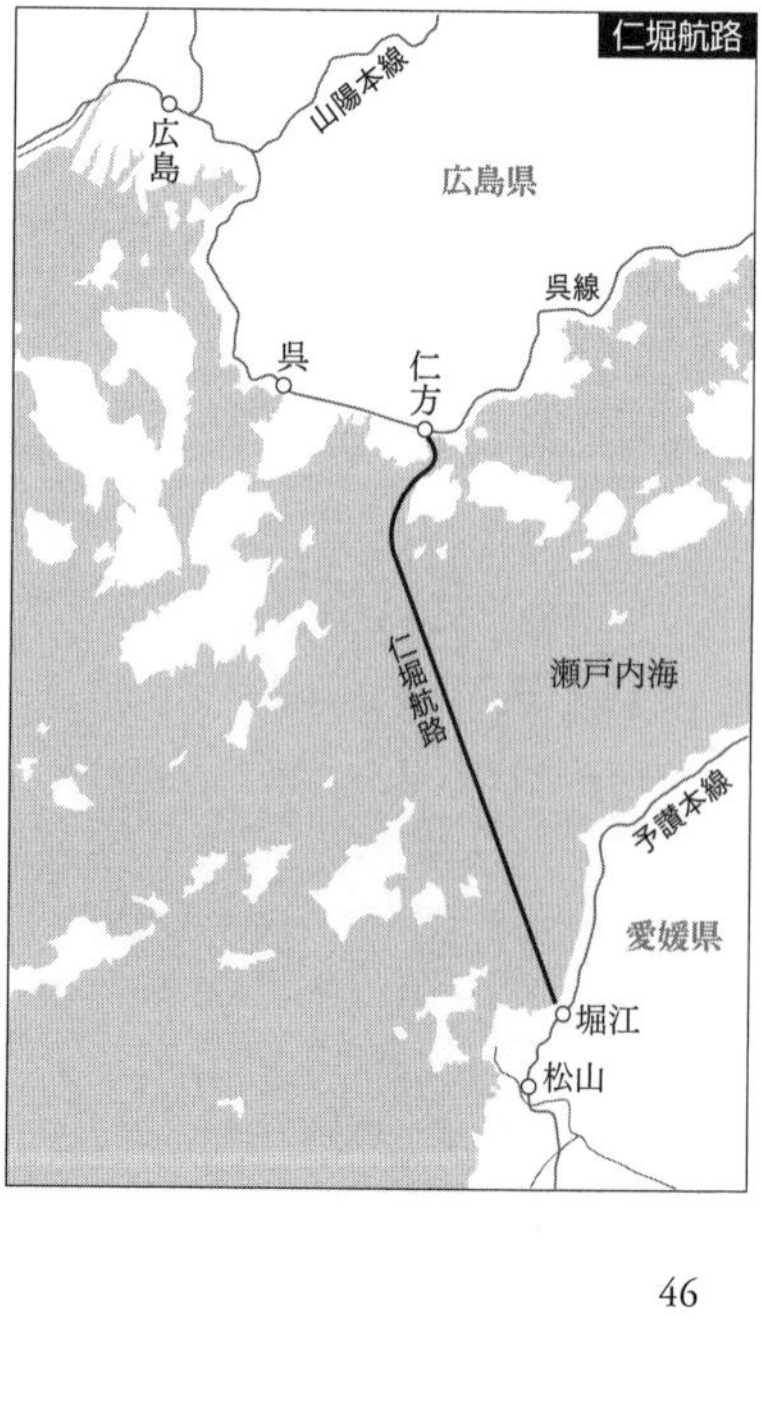

　堀江は無人駅であった。駅舎も改札口もあるが駅員はいない。出札窓口はベニヤ板でふさがれ、大きな時計がはめこんである。その上に、
「近距離切符は駅前の西村商店でお求めください」
とあり、待合室の壁には堀江桟橋への道順を示した地図が掲げてある。
　それに従って国道を渡り、突き当って左に曲ると、呉行のフェリーと国鉄航路の乗船場が並

んでいた。こんどの仁方行の出航は11時43分で一時間以上待たなければならない。かといって松山発を一列車遅らすとこの便に間に合わないから、いかにも接続がわるい。みんなバスや車で港まで来るのだろう。汽車で来て一時間以上も待つ客は私のほかにはいなかった。(「第28日　北宇和島―松山―堀江〜仁方―三原」より)

宇高連絡船に比べて知名度が格段に低く、私自身はこの作品のほかに、仁堀連絡船の乗船記録を読んだことはありません。四国の人でも今では知っている人がほとんどいないのではないかと思われますが、それだけに、こういう国鉄の連絡船が昭和五十七年まで存在したんだ、ということを現代に伝えてくれる貴重な記録となっています。

力が入った第二作

この一万三千キロあまりの鉄道紀行は、第一作の『時刻表2万キロ』と対を成している、というふうにみることができます。というのは、『時刻表2万キロ』は登場する路線が地方のローカル線ばかりで、そのほとんどは行き止まりの路線です。地方の赤字ローカル線というのは、どうしても幹線から分岐して、だんだん奥地へ分け入っていき、そのどんづまりにひなびた終着駅がある、というタイプが多くなります。

それに対して、『最長片道切符の旅』では、一筆書きのルートという性質上、最初の始発駅と

『「最長片道切符の旅」取材ノート』 カバーにメモの実物の写真が使われている

最後の終着駅以外は行き止まりにならない路線であることが絶対条件になります。だから、『時刻表2万キロ』では登場していない路線の多くが『最長片道切符の旅』でカバーできていることになって、両方を読めば、昭和五十年代前半の国鉄路線の大半の様子がわかる、というわけです。

また、デビュー作で日本ノンフィクション大賞を獲得し、颯爽と文筆の世界に登場した宮脇にとっては、サラリーマンを辞めた後の最初の単行本であり、『時刻表2万キロ』とは違った力の入りようが感じられる作品でもあります。

しかも、そういう著者の内面を窺い知ることができる特殊な事情が、宮脇の没後五年を経て生じました。宮脇がこの旅行中に詳細につけていたメモ帳がそのまま活字になって、『「最長片道切符の旅」取材ノート』（平成二一年、新潮社）という独立した単行本になって出版されたからです。

この『最長片道切符の旅』で描かれている日本縦断の旅は、延べ三十四日間に及んでいますが、その三十四日間の取材に対して、メモ帳十一冊を費やして記録していたそうです。宮脇は生涯に著作を四十冊ほど書いていて、メモ帳は全部で百冊ほどあったということですから、その十分の一がこの「最長片道切符の旅」に使われていたことになります。

自分の備忘用に書いたメモがそのまま活字になるというケースに似た事例としては、著名人の日記が没後に歴史資料として出版されるパターンが考えられます。ただ、日記は一日の終わりに落ち着いて文章をまとめるものですが、取材者が現場でメモするときは必ずしもそうはならず、走り書きや乱筆になりやすいものです。

ところが、この本の表紙カバーに実物の写真が出ているので読者もその一端に触れることができるのですが、他人でもあとからきちんと読めるように整理されたメモになっている点に驚かされます。

この「最長片道切符の旅」のときのメモは、旅行に出る前から書き始められています。そのページに、こんな言葉がつぶやきのようにポツンと記されています。

第2作は風当たり強かるべし。
殊勝を旨とすべし
(贅沢なめぐまれたこと)
(『「最長片道切符の旅」取材ノート』より)

宮脇本人が、『時刻表2万キロ』はある程度成功したが、これから書くその次の作品こそが、継続して書いていくために大切なんだ、ということをよく自覚していたこと、その意気込みや覚悟が、このつぶやきから推し量れます。

鉄道紀行らしからぬ書き出し

この作品は、『時刻表2万キロ』と同じく長編です。一般的に紀行文というのはよほどの大冒険でない限り短編が多く、そういう場合は、具体的な旅先への憧れとか興味関心とか、そういう記述から文章が始まることが多いのですが、この作品はそうではありません。

だいたい小説や紀行文に限らず、たとえば新聞記事であっても、およそ文章というのは書き出しが非常に大事だと私は考えています。書き出しで「おっ、面白そうだな」と読み手に直感で感じさせるような、惹きつけるような書き出しだと、その文章は面白いと評価されるケースが多くなります。内田百閒の『阿房列車』の「なんにも用事がないけれど、汽車に乗つて大阪へ行つて来ようと思ふ」は第一章でも紹介しましたが、「国境の長いトンネルを抜けると雪国であった」や「吾輩は猫である。名前はまだ無い」など、有名な書き出しの名作は誰でも二つ三つ思い浮かぶのではないでしょうか。

さて、では『最長片道切符の旅』の書き出しの部分です。

自由は、あり過ぎると扱いに困る。

籠の鳥は外に出されるとすぐ空へ飛び立つのだろうか。

暇ができたので心ゆくまで汽車に乗ろう、思う存分に時刻表を駆使してみよう、と張切っているのだが、どうもこれまでとは勝手がちがう。いったい、どこから手をつけたらよいのか。

会社勤めをしていた時の私の旅行は、金曜日の夜から月曜日の朝までが限度であった。その範囲内でどこまで行けるか、どの線とどの線に乗れるか、時刻表を開いてそれを検討するのが私の楽しみであった。そして気に入った案ができると実際に乗りに行った。「時刻表に乗る」ためのような旅行であった。

けれども、会社を辞め、一時的とはいえ暇ができ、半月でも一ヵ月でも自由に乗り回れる状況を前にすると、戸惑いをおぼえる。小住宅専門の大工が大邸宅の施工を請負ったようなものかもしれない。（「遠回りの話」より。傍線は引用者。なお、当該傍線部分は『宮脇俊三鉄道紀行全集　第1巻〔国内紀行Ⅰ〕』〔平成十年、角川書店〕では削除されている。この点については96ページ参照）

言いたいことの核心は三行目の「暇ができたので」以下の記述であろうと思われます。ただ、その真意をいきなり綴り始めるのではなく、サラリーマン時代の自分を籠の鳥になぞらえた、どこか哲学的な雰囲気を漂わせる短い書き出しを前置きとしていることで、単なる旅行記録ではなく紀行文学の作品としての風格を感じさせます。

こういう前置きを書いた宮脇自身、文章は書き出しが重要であるということをよく承知していたはずです。そうでなければ冒頭の二行のような文章は書かれなかったでしょう。

切符に対する国鉄職員の反応

このあと、実際にルートを組み立てて、切符を買って、旅に出るのがこの作品の骨格なのですが、その描写の中で見られる、他の宮脇作品にはない本作品ならではの特徴をいくつか挙げてみましょう。

一つ目は、切符に対する乗務員や駅員の反応です。

この作品の単行本のカバーには、宮脇が実際に使用した広尾発枕崎行きの乗車券の旅行前と旅行後の写真が用いられています。旅行後の券面には、途中下車印という、駅名を彫った印鑑のような小さなハンコが全面に押してあります。もともと「広尾→枕崎」という利用区間や値段が手書きで書かれていたり印刷されているのですが、それらがよく見ないと読み取れないくらいにハンコだらけになっています。

この途中下車印というハンコは、今のJRにもあります。たとえば東京から博多までの切符を買って新幹線に乗って、新大阪で用事があるため途中下車するとき、自動改札ではなく駅員さんがいる有人改札へ行って「途中下車します」と申し出ると、「新大阪」という駅名の小さなハンコが切符の券面に押されて、切符を回収されずに改札口の外に出られます。そうすると、この切符は新大阪まではすでに乗車した、ということが切符の券面上からわかるわけです。だから、後でまた残りの区間を使おうとするときに、新大阪ではなく一つ手前の京都から乗って京都と新大阪の間を同じ切符で二回乗ろうとするような不正乗車を防ぐことができるのです。

　ＪＲの乗車券は長距離逓減制《ていげんせい》といって、長い距離になるほど一キロあたりの金額が安くなる運賃制度を採用しています。ですから、今の例のように、東京から九州まで行くときに大阪で用があって降りるときなどは、新幹線の特急券はバラバラに買わなければいけないのですが、乗車券は新大阪で分断するより通しで買って途中下車したほうがトータルでは安く済む、ということになります。

実際に使用された広尾から枕崎までの切符（『宮脇俊三鉄道紀行全集第１巻〔国内紀行Ｉ〕』より）　上は使用前、下が使用後の券面

この一万三千キロの鉄道紀行は、宮脇が一度も改札口を出ることなくぶっ通しで乗っているわけではありません。夜行列車に乗らない限り、一日の行程が終わればどこかの駅で途中下車して宿泊するし、列車の待ち時間が長いときは改札口を出て街歩きをしたりしています。そのたびに途中下車印が切符に押されるので、旅行後の券面をざっと見ただけでも駅名のハンコが百個くらいあって、まともな切符とは思えない状態です。

もちろん旅行前はこれらのハンコは押されておらずきれいな券面だったのですが、それでも、広尾から枕崎まで六万五千円で六十八日間有効、経由区間はオモテ面に書ききれないので、真っ白なウラ面に手書きでびっしり書かれていました。そのため、切符を見る駅員や車内改札（検札）をする車掌はみんな、通常の切符を見るのとは違った反応を示すわけですね。その様子が、この作品では至るところに登場します。

まず、切符を買う場面です。こんな尋常でない切符を購入するときに、窓口で「広尾から枕崎まで、一番長いルートで片道一枚」と言ったところで正しく売ってくれるはずはないので、宮脇は、自分で経路を細かく説明した紙を持って、最寄りの国鉄駅である渋谷駅に買いに行きました。

私は渋谷駅の構内にある旅行センターへ行った。

ここはいつも混み合っているのだが、時間のせいか珍しく空いており、胸に名札をつけた中年の係員が「いらっしゃいませ」と言った。

愛想はよかったが、私の差し出したものを見ているうちに眉の間に縦の皺ができ、この人もまた衝立ての向うに姿を消した。

こんどもなかなか戻ってきてくれない。衝立ての向うで鳩首《きゅうしゅ》協議しているらしく、声が聞える。「いつかこんなのが新聞に出ていたぞ」「一枚に書ききれるか」「何枚に分けてもいいいんじゃないか」などと言っている。何枚にも分けたりしてほしくないが、衝立ての向うの議論に参加するわけにもいかない。

そのうち、カウンターから離れた位置で指定券を打出していた若い係員が呼ばれ、衝立ての蔭に入って行った。

しばらく低い声での話がつづいていたが、やがてやや大きな声で、

「いいですよ、やりますよ、どうせ誰かがやらなきゃならないんですから」

と言う若い係員らしい声が聞えた。私は首をすくめてそれを聞いた。（「切符の話」より）

こんな感じで、こんな切符の販売を求められた国鉄職員側の当惑ぶりが描かれています。これは当然ですよね。宮脇は自分で経由路線や運賃も全部記入した書面を参考資料として窓口に提出しているのですが、渋谷駅の駅員はこれに対して、「お客様の計算をもとに切符を発行するわけには参りませんので」と答えています。これはその通りでしょう。しかも、計算だけでなく、そもそものルートで本当に片道切符として発行してよいのか、という、鉄道旅客営業規則の細かい条文と照らし合わせながら正確に判断しなければならないわけです。

ですから、切符を作る側からすると、正直言って厄介な切符の発行作業だと受け止めるのは自

然だと思います。ちなみに、このときは申し込んでから四日後に発行されています。

そういう、発行の時点ですでに変わり者扱いされていた切符を持って旅に出たその初日に、北海道の旭川から石北本線で遠軽《えんがる》まで向かう急行「大雪5号」の中で、車掌の車内改札(検札)に出くわします。初日ですから、まだ切符の券面はとてもきれいで、書かれていることもきちんと読み取れたはずです。

　発車するとすぐ車掌が検札に来た。私の切符を手にとると、枕崎へ行く客が旭川から東へ向う列車に乗っているのはおかしいと思ったのだろう、裏面の経由地を見て、

「なんですか、これは?」

と言う。なんですかと言われても正当な乗車券だから説明しかけると、

「いちばん遠回りの切符ですな」

と言う。なかなか頭の回転がはやい。こんなボロ急行に勤務させておくのはもったいないような車掌である。そのあと、

「これも旅行の一種ですな」とか、

「ほう、六万五千円ですか」とか、

「ご苦労さまです」

とか、いろいろ言って車掌はつぎの車両へ移って行った。

これから枕崎までのあいだに車内検札や改札口で百回ぐらいはこの切符を見せねばならぬのだろう。そのたびにこんな調子ではうんざりである。しかも、六万五千円と聞いたとたんにそばにいた乗客が上から覗きこんだりする。（「第1日　広尾―帯広―富良野―旭川―遠軽」より）

広尾を出発した初日ですが、国鉄職員に切符の呈示を求められたのはこれが初めてだったようで、これから何度も行われるであろう駅員や車掌とのやり取りを、この場面から想像して、面倒だな、と感じたのでしょう。

実際、その後も、駅の改札口や車内改札での鉄道員の対応シーンが何度か描かれています。そのうちの一つが旅行の二十三日目、福井県の敦賀から日本海側に沿って走る小浜《おばま》線という路線を走行中の急行「大社」の車内で、車掌から切符の呈示を求められる場面です。

急行「大社」というのは、名古屋から出雲大社がある島根県の大社というローカル線の終点まで直通する急行列車です。ただし、名古屋からまっすぐ出雲方面へ向かうのではなく、米原からわざわざ北陸本線に入って福井方面へ向かってから、敦賀で方向転換して小浜線を西舞鶴まで走ります。そこからさらに宮津線という、これも今は第三セクターに変わった路線に入って天橋《あまのはし》立《だて》を通って、豊岡からやっと山陰本線に入って鳥取や米子を経由して出雲市、大社に到達する、という変わった急行でした。

　そんなことを考えていると、小柄な車掌が検札に来る。私の切符を見たとたんに「ウワー」と言ったきり絶句し、しばらくして、

「生まれてはじめてですわ」

　と言う。すでに途中下車印が七〇個ぐらい捺されて、われながら相当な面相になってはいるが、これほど大袈裟に驚いた車掌はいなかった。こっちこそ、はじめてですわ、である。

　まさかこの切符に美を感じたわけではないだろうが、感嘆するばかりで経由地も見ずに返してくれたから、この車掌、検札の職務をまったく果していない。（「第23日　敦賀―西舞鶴―宮津―豊岡―京都」より）

第23日行程（敦賀―西舞鶴―宮津―豊岡―京都）

　このほかにも、券面が見えなくなっているから切符を再発行すべきだと言われて慌てて取り返

したり、もう何も見えないからなのか、何も言わずに確認もせずに返してくるとか、さまざまなパターンがあります。見慣れないもの、常軌を逸したと感じるものに思いがけずも職務上向き合わなければならなくなったときの人間の正直な反応が窺えます。そうした人間観察の要素を含んでいる点が、この作品の特徴の一つと言えるでしょう。

知られざる幹線紀行

二つ目の特徴としては、ローカル線ではない幹線の様子が事細かに描かれている、という点です。

通常、旅情を誘うような鉄道紀行というのは、利用客があまりいない地方の赤字ローカル線や、車窓からの眺めが良いとされる自然豊かな景勝地を走る路線を舞台にすることが多いのですが、この作品は、本章の冒頭で説明した通り、最初と最後以外は行き止まりにならない路線なので、乗っている区間に幹線が多く含まれています。

幹線の鉄道紀行というと、地方のローカル線に比べて面白みに欠ける、という先入観を持つ方もいるかもしれません。でも、宮脇俊三の手にかかるとそんなことはない、という場面がよく出てきます。この作品では、それがとりわけ顕著と言えます。

その例を二つ挙げてみましょう。まず、旅行開始から十一日目、東北本線の安積永盛《あさかながもり》という、郡山の一つ手前の駅から鈍行列車で上野方面に向かう場面です。

当時の東北本線は東北新幹線の開業前なので、特急や急行がたくさん走っていました。ただ、安積永盛という駅は水郡《すいぐん》線というローカル線を分岐する乗り換え駅ではあるものの、郡山の一つ手前ということもあって、基本的に鈍行列車しか停車しない駅です。

宮脇は水郡線に乗ってここまで来たので、郡山まで行かずにこの駅で降りて、鈍行列車で最寄りの急行停車駅まで乗っていかなければなりませんでした。ここに登場するのは、昭和五十三（一九七八）年当時に東北本線を走っていた鈍行列車の様子です。

10時58分発の鈍行客車列車で白河へ向う。九両も連結しているからガラ空きである。後部の何両かはホームにかからない駅が多く、そういう駅でも長く停車して二本の特急に抜かれたりする。

そんなのんびりした列車ではあるが、各駅に、

「デッキから振落される事故が多くなっています」

という注意書きが貼ってある。鈍行客車列車の車両は旧式で、デッキの扉は手で開くようになっている。開けっぱなしで走っていることも多い。転轍機を通過するときなどガクンと横揺れするから、気をつけないと振落される。こんなことは汽車旅行の常識であるけれど、自動ドアに慣れた客だと落ちるのだろう。(「第11日　水戸―安積永盛―小山―友部―我孫子」より)

ここに見られるように、東北本線という東日本の大動脈路線であっても、鈍行列車だと、昭和五十三年当時にはドアを開けっ放しで走るような古い客車が走っているのがふつうだったことがわかります。なぜ開けっ放しかというと、自動ドアじゃないからです。当時の客車乗降デッキのドアは手動式で、走行中は閉めたほうがいいのは安全上当然なのですが、全ての客車のドアを乗務員がずっと見張っているわけにもいかないので、開けっ放しになっていても関係なく走っていました。

旅客の安全確保が重視されるようになった現在の日本では考えられないですし、現在の三十代以下の読者がこの部分を読むと、意味がわからないかもしれません。でも、ここで宮脇が「こんなことは汽車旅行の常識であるけれど」と書いているように、今から四十年前は、走行中も開けっ放しのドアから落ちないよう旅客が自分で注意すべき、というのはまさに社会生活上の常識でした。

こういうことを知らないと、たとえば、「春の海」という有名な箏曲《そうきょく》を作った盲目の作曲家、箏曲家の宮城道雄は、昭和三十一年に東海道本線の夜行急行の客車ドアから車外に転落して亡くなったのですが、かつては客車のドアが走行中も自由に開閉できた、あるいは開けっ放しだったことを知らないと、「何で走行中の客車のドアから落ちるんだ？」という疑問を抱くことになってしまうわけです。

この宮脇の旅は、平成から令和へと改元された時点から遡るとたかだか四十年前の話です。それでも、四十年前と今とで、旅客の安全確保に対する考え方が大きく異なっている、ということがここからわかります。東北本線のような大幹線であっても、鈍行列車にはこんな古い客車が投入されていたんだ、という事実も知ることができます。

今度は旅行開始から十九日目、名古屋発の関西本線です。

> 疲れたが、予定どおり津まで行くことにする。こんどの関西本線の下りは18時00分発の鈍行津行である。津に着くのは20時21分となっている。
>
> 名古屋から津へ行くのにこの列車を利用する人は皆無であろう。名古屋駅の東口から頻発する近鉄に乗れば急行で一時間、しかも運賃も安い。津ばかりではない。桑名でも四日市でも、国鉄はまったく近鉄に歯が立たない。

大都市の中心駅を午後六時に発車する列車で、平日なのに座席が三分の一しか埋まらないというのは、まずない。こういう列車の醸し出す雰囲気は、ローカル線ともちがう。同乗の客にはわるいけれど、人生の落伍者になったような、うらぶれた気分になる。(「第19日　十日町―豊野―直江津―糸魚川―松本―名古屋―亀山―津」より)

今、名古屋やこの関西本線の沿線に住んでこの路線を利用している方がこのくだりを読んだら、人生の落伍者呼ばわりされたような気になって怒るのではないかと思わせるような表現ですが、そもそも、当時のこのような関西本線の運行実態について、現在の同じ区間の利用者は想像しにくいかもしれません。

というのは、関西本線はまさに本線であって、もともとは名古屋から、東海道本線とは別のルートで奈良を通って大阪を目指す幹線扱いの路線です。ただ、名古屋近郊の区間は、名古屋市中心部への通勤区間であるにもかかわらず、右の部分にあった通り、当時の通勤客の多くは並走している近鉄を利用していたようです。

なぜかと言うと、当時の国鉄関西本線は今よりも駅の数が少なく、沿線住民からすると最寄り駅として使いにくいという事情がありました。しかも、列車の本数は近鉄より全然少ないし、運賃は国鉄のほうが高い。そして客車は、先ほどの東北本線のくだりで出てきたような、ドアが開けっ放しで走るような古びた客車で乗り心地はよくないし、スピードも遅い。要するに、関西本線のいいところがほとんど思い浮かばず、私鉄だったら競争に負けてとっくに旅客営業を廃止しているような状況だったのです。

それが、公務員が運営する国有鉄道であるがゆえに営業成績とは関係なく、近鉄との旅客サービス競争がまともになされることもなく、浮世離れしたガラガラの列車が通勤時間帯に走っていた、そのことを宮脇はここで痛烈に皮肉っているように思われます。

一日だけの父娘二人旅

作品の特徴の三つ目として、子供との父子二人旅の場面がある点が挙げられます。

宮脇俊三の旅は、基本的に一人旅で、同行者はいないのが通常です。作家専業となって取材旅行に出るようになると、編集者やカメラマンが同行したりするのですが、家族と一緒という旅行は、特に作家になった直後の活動的な時期にはほぼ見られません。それが、この作品では、通算三十四日間のうちの一日だけ、日帰りですが、二人娘のうち、当時小学二年生だった次女と一緒に一日中電車に乗り続ける日が出てきます。

これは、本人も作品の中で弁明していますが、最長片道切符のルートが首都圏に近づいて、日帰りで対応できる範囲の区間を乗車する時期に、家庭の事情でどうしても下の子の面倒を父親一人で一日見なければならなくなって、やむを得ず、房総半島方面のルートを日帰りで乗るときに連れて行った、ということのようです。子供を持つ父親にはよくある話です。

ただ、よくある話と違うのは、小さな娘の面倒を一日見ることになった父親は、ふつう、娘の希望に合わせてその日のスケジュールを立てるのではないかと思いますが、この作品の場合は、父親の予定に小学二年生の娘さんを引っ張り込んでいるところです。それも、父親に似て汽車ポッポが大好きとかそういうことは全然ないようです。この日の記述の冒頭にも、そのことが簡潔に記されています。

いままで何回か汽車に乗せたことがあるが、一時間もすればかならず退屈して、いつ降りるのかとしきりにきく子である。きょうは房総一周だから一〇時間ぐらい乗らねばならない。覚悟はよいかと言い聞かせると、大丈夫と言うが、どうなるかわからぬ。(「第12日　我孫子—成田—松岸—成東—大網—安房鴨川—千倉—千葉—西船橋」より)

『時刻表2万キロ』の解説でも紹介した通り、宮脇の家庭では、父親が鉄道旅行に行くことについて家族は全く関心を示さない、という様子が描かれていました。

それだけでなく、宮脇自身も、自分の子供を旅行に連れて行くことに前向きではありませんでした。随筆集『汽車との散歩』には、幼い長女を連れて旅行をしたときの経験を踏まえた、父親としての宮脇の考えを語る「わが家の家族旅行」という短編が収められています。

旅行中の子どもの生態は期待に反したものであった。

まず電車やバスの車中。窓外の景色にはまったく関心がない。家を出る前後、乗りものが発車した直後は、はしゃぎながらちょっと外を見たりするが、たちまち関心は持参の玩具《おもちゃ》やお菓子に移る。あとは目的地に着くまで、ひたすらゴソゴソ、モグモグやっている。

目的地に着いても、基本的態度は変わらない。東京とはまったく環境がちがうのに、それにたいする反応は見られない。富士山を眺めろ、芦ノ湖《あしのこ》を見ろと言っても幼児に興味がないのは当然としても、バスを降りるやいなや道端にしゃがみこんで石ころ拾いに専念されたりするとガッカリする。

これでは近所の公園につれて行くのと同じではないか。時間とお金をかけて何のために来たのかわからない。父親が勝手に期待した教育効果など微塵《みじん》もなく、むしろ女房へのサービスをしたようなものだった。

つぎの女の子が生まれ、女房が育児に手をとられるようになったのを機に、わが家の「家族旅行時代」は終った。

四歳、五歳になれば、もうすこし張り合いも出てくるのだろうが、いずれにしろ程度の問題で、旅とは「おとなの所業」だと私は断定した。

それ以後は方針を変更し、近所のプール、都内の遊園地などへ積極的に行かせるようにした。学校での自主参加の行事にもかならず加えるようにした。

こうして私は、ひとり旅ばかりする父親に戻《もど》った。（『汽車との散歩』より）

こういう家庭の父親が、汽車ポッポに全然関心がない小学二年生の娘を連れているこの日の様子は、結果としてこの作品の中で、というだけでなく、宮脇作品全体を通しても異色の日帰り紀行になっています。

で、果たして彼女は旅行中にどういう反応を示すかというと、予想通りというか期待通りというか、そんな様子になって、父親としてもやれやれやっぱり、とか、さて困ったな、という状況に陥ります。宮脇はこの次女のことを、この日の記述ではお伴とか伴女と呼んでいます。

> ところで、伴女のご様子はしおれし花のごとく、退屈はその極に達している。私はこの鈍行電車に三時間乗って千葉まで行きたいと思っているのだが、とても無理と察せられる。やむをえず私は一計を案じ、14時10分着の千倉で下車し、14時57分発の特急に乗換えることにした。この四七分の間に二つの建物を見て気分転換をはかろうというわけである。

千倉には私が小学校時代に三回来たことのある海の家があり、彼女にとってはことしの夏に来たばかりの臨海学校があ

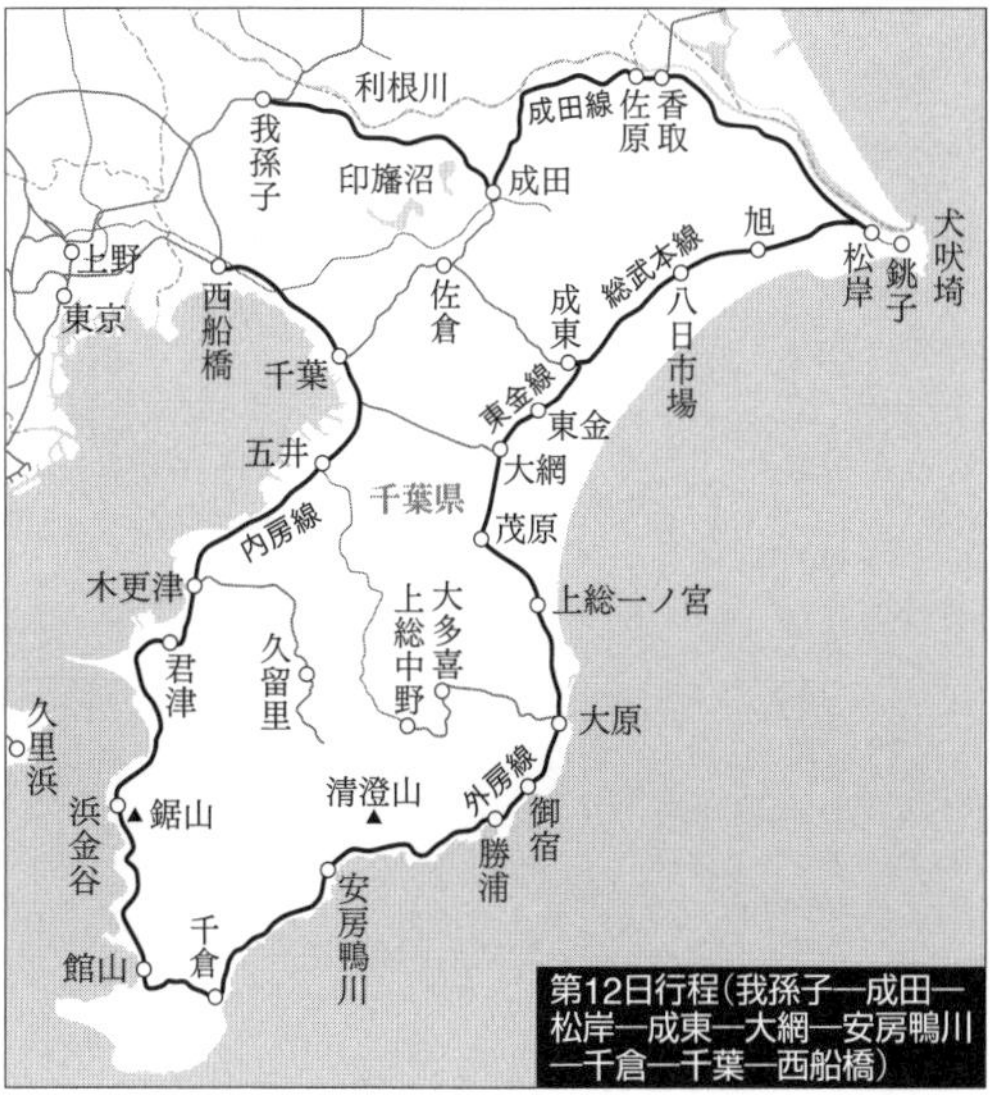

第12日行程(我孫子—成田—松岸—成東—大網—安房鴨川—千倉—千葉—西船橋)

る。タクシーでその二軒を巡回した。私のは建てなおされていて、四〇年の昔を思い出させてくれるものはなかったが、彼女のほうは夏の出来事を得々と説明しながら、汽車から降りればこっちのものというように、私をあちこち引張りまわした。（「第12日　我孫子―成田―松岸―成東―大網―安房鴨川―千倉―千葉―西船橋」より）

父親の趣味を小学二年生の娘に理解してもらったり共感してもらったりすることを期待するのは、内容にもよるとは思いますが、なかなか難しいでしょう。時代が変わった今でも同じことです。

この日の記述は、全体的に見て、「電車に乗せてもすぐにつまらないというような親の心子知らずの娘を長時間の汽車旅に引っ張り出したら、やっぱり退屈されてしまった」というような調子でまとめられています。ただ、これは宮脇作品特有の、自身を第三者的な視点から客観的に淡々と描写するという手法を一時的に自分の子に拡大しただけであって、娘の退屈を紛らわせるために何とかスケジュール変更をしたり、父と娘の慣れない二人旅を何とかうまくこなしたい、というような、若い父親としての心情も行間からよく読み取れます。それが、この日の記述の異色さを際立たせていると言えます。

宮脇の紀行作品は、二児の父でありながら、家庭の雰囲気を感じさせないスタイルが基本です。特に、小さい時期の娘と一緒に汽車旅をしている場面はこの日の他にはありません。そのため、この日帰り紀行は家庭人としての著者の素顔がちょっとだけ垣間見えるような場面になっていて、この作品の一つの特徴と言ってよいのではないかと思います。

風景描写へのこだわり

さて、こんなふうに三つほど本作品の特徴を挙げてみましたが、それらも含んで、全体を通して言えることがあります。それは、車窓の眺めをはじめとする風景描写が、全編にわたってたいへん細かいことです。

例を挙げればきりがないのですが、たとえば、東京で山手線に乗ると、こんな記述になっています。田端から山手線の内回り電車に乗り換えて、池袋や新宿方面へ向かう車中からの眺めです。

台地の中腹から操車場を見下ろし、田端に着くと、こんどは山手《やまのて》線内回りのウグイス色の電車に乗る。発車すると左に急カーブして台地へ頭をつっこむ。切通しの入口は珍しく地肌が露出しており、ススキも生えていて北海道西北部の海蝕崖を思い出す。事実ここは海蝕崖でこの下は海だった。

山手線はここから武蔵野台地に入り、池袋、新宿、渋谷と回って品川で台地の外に出る。

（「第13日　西船橋—新松戸—日暮里—尾久—赤羽—田端—新宿—吉祥寺」より）

実際に山手線の通勤電車に乗って、こんなふうに地形まで細かく観察している乗客って、どのくらいいるでしょうか。今だったらスマホの画面をずっと見ている人のほうが多いかもしれませんが、この部分を読むと、景勝地の車窓案内のように感じられます。

東京の山手線に乗ったときでさえこんな感じですから、地方の路線に乗ったときの観察の細かさはもう推して知るべしかと思います。

これほど細かい描写が可能なのは、もちろん、宮脇俊三自身が地形や地理に関する知識がもともと豊富だった、ということもあるでしょうが、本章の冒頭で紹介した通り、この作品では相当細かくメモを取っていたから、という点が大きいと思います。メモは、書いてあることを後から見ると、書いていないことまで付随して思い出すという効用があるので、後から回想して書いていくうえで、風景描写が相当詳しくなっていったのだと思われます。

それと、そうして観察した風景をどう描写するかという点に人一倍心をくだいた結果、という評価もできます。

紀行作家が鉄道に乗れば、風景描写が作品に多発するのは自然なことです。宮脇は、その風景を文章でどう表現したらより読者にその良さが伝わるか、ということに相当こだわりを持っていました。

そのことを示す本人の文章が、他の作品にあるので、紹介してみましょう。随筆集『汽車との散歩』に収められている「車窓雑感」という短編に、宮脇が風景を擬人化して会話している場面があります。

以上は、物書きとしてのボヤキであるが、風景、とくに車窓風景について書こうとすると、こんな前置きがしたくなるのは、かならずしも私が弁解がましい人間だからでなく、車窓風景が私にそうさせる、といった面もある。彼らは見てくれと私に言う。しかし同時に、おれのことをお前、書けるのか、と言っているようにも思われるのだ。

「風光絶佳《ぜっか》、などと書いたら承知しないぞ」

「なぜですか」

「表現として最低だ」

「最高かと思ってましたが」

「自分の眼で、しっかりとわれわれを見ないから、そういう粗末な表現になるのだ」

「なるほど」

「荒波が磯《いそ》に砕けるのもいかん、断崖《だんがい》はそそり立つとは限らん、新緑が目にしみるバカがどこにおるか。だいたい、若葉が緑だなぞと誰《だれ》が決めたのだ。あれは、むしろ白だ。いや、白でもないが……」

「何色なのですか」

「おれもわからん。自分の眼でよく見ろ」

というようなぐあいで、形容詞ひとつでもむずかしい。しかも、美と醜、明と暗、剛と柔、のどかさと退屈、などなど、言語概念としては相反するものが渾然《こんぜん》一体となっていて、構文のうえでも厄介《やっかい》である。(『汽車との散歩』より)

第一章で、宮脇は自分の紀行作品に写真を入れることを善しとしない、という話をしました。ここに書いてあることも、そのこだわりに通じています。つまり、目に見えたものを、写真の力を借りずに文章として読み手に伝わるように表現することを、書き手のプライドとして持っていた。それが、詳細なメモの存在に支えられて全編で思う存分こだわりぬくことができた、というのが、この作品全体に言えることなのではないかと思います。

第三章　国内紀行③『終着駅へ行ってきます』

『終着駅へ行ってきます』昭和59年、日本交通公社

工業地帯の終着駅を通勤時間帯に訪問

この作品は昭和五十九（一九八四）年二月に刊行されました。『旅』という、今は休刊になってしまった大正時代から続く月刊誌で、昭和五十六年の秋から五十八年にかけて取材旅行を重ねて二年間連載されていた「終着駅へ」という短編紀行をまとめたものです。

この頃の宮脇俊三は、作家デビューから三〜四年くらいにあたり、作家として最も活動的だった時期と言えます。巻末に掲げている自筆年譜にも、昭和五十五年七月に、「注文が多く、東奔西走の日々となる」と自分で書いています。この時期は海外取材も並行していて、あちこちに行っていました。そういう時期の連載作品です。

デビュー当初の『時刻表2万キロ』や『最長片道切符の旅』と異なるのは、まず、テーマは「終着駅を訪ねる」ということで一貫しているものの、一つの旅が一冊の単行本に収められているのではなく、二十以上の短編の紀行作品を集めたものになっている点です。

この頃の宮脇作品は、特に国内の場合、こうした雑誌社からの依頼による連載をまとめたものが続いて出ています。物書きとして安定した生計を立てるうえで、連載があるというのは重要なことです。書き下ろしの作品というのは、長期間書いている間は全く収入がないことになりますから、長編の書き下ろしを書くというのは、物書きにとってはある程度生活上の余裕がないとできない贅沢な行為なのです。そういう贅沢な時間を使って作品を書く余力を生み出すためにも、月刊誌への連載などを通じて固定ファンを摑《つか》むなど、安定した筆力を継続して発揮し続ける必要があります。

この『終着駅へ行ってきます』もそうした月刊誌の連載の一つで、『時刻表2万キロ』や『最長片道切符の旅』とは違った、この作品なりの著者の力の入りようを窺い知れるところがあります。

それと、旅行雑誌の連載作品ということで、単行本には宮脇作品らしく写真は全く掲載されていませんが、連載時には写真と文章が一体になった誌面になっていて、カメラマンや担当編集者がしばしば同行しています。

不思議なもので、宮脇俊三の紀行文には写真がないほうがよい、との認識を抱いていても、この連載当時の旅行雑誌の紙面を見ていると、写真が文章の邪魔をしているというようなことはありません。もちろん、文章自体が写真の邪魔をしているということもない。写真自体もローカル線の旅情を誘うものだし、宮脇の文章とうまくバランスが取れている感じがします。

さて、この作品のテーマはタイトルの通りで、「終着駅」です。雑誌連載時のタイトルも「終着駅へ」ですから、単行本になるまでテーマは一貫しています。

ただ、「終着駅」というのは、鉄道用語としてはっきりした定義があるわけではありません。

路線が物理的に行き止まりになっていてその先の区間が存在しない駅は確かに終着駅ですが、ヨーロッパの大都市にあるターミナルのように、駅のホームが行き止まり式になっていれば路線上は中間地点でも終着駅と言うことがあります。そして、鉄道以外の場面でも、「終着駅」という言葉は比喩的な表現として使われることもあります。

そのあたりのことは当然、宮脇もわかっていたようで、九州の門司港駅の回の冒頭にこのようなくだりがあります。

稚内や長崎のように、線路の末端であり、これから先へは進めませんという場合は文句なしに終着駅であるが、東京駅や上野駅のように、列車の客にとっては「終着駅」であるにもかかわらず、線路図の上では終着でない駅も多い。

線路の終点を指すのか、それとも列車の最終到着駅のことか、となると、字句から見て後者のように思えるが、それだけで規定すると、列車の行先はいろいろであるから、たとえば東海道本線の下りの場合、平塚、国府津、小田原、熱海等々が「終着駅」になってしまう。

こうした物理的条件とは別に、「終着駅」に欠かせないのは、情感とも言うべきものである。これがないといけない。だから、ますます扱いにくい。

扱いにくいけれど、情感に訴えてくるから、鉄道の領域を越えた広がりを持ち、「人生の終着駅」といったふうにも使われる。

このように定義ははっきりしないのだが、「終着駅」と言えば、おのずから通じ合える。用語としての不備を人間の心が温かく補足している。それが嬉しい。さすが百年余の歴史を有する鉄道だけあって、そうした用語を生み出したのだとも言える。おそらく、飛行機や自動車には「終着駅」に匹敵するような味わいのある用語はないだろう。航空路や道路に行き止まりがあるかないかではなく、それだけの味わいを醸し出していないだろうという意味においてである。あるとすれば船で、船に格別の関心を持たぬ私でも、「波止場」と聞くと、足と心がそちらに向う。(「門司港〔鹿児島本線〕」より)

終着駅という言葉にはある種の情感が込められている、ということになると、雑誌の連載としては、読者の情感を惹きやすい舞台としての駅を、目的地として選定していくのが一般的なパターンです。その場合、だいたいこういう旅行雑誌は昔から都会の読者を主たる対象としているので、その都会の読者たちの情感に訴えかけるということは、都会にない田舎の最果てムード満点の終着駅などが選ばれます。

実際、この作品でも、北方領土を望む根室をはじめ、運転本数が少なかったり利用者が少ない地方のローカル線が全国各地から多数選ばれています。それ自体は特に間違ったことでもないし、旅行雑誌の企画なら当然のことだろうと思います。

ところが、この作品の宮脇俊三らしいところは、そういう路線と同じレベルで、都会のど真ん中にある終着駅を取り上げている点です。本作品の大きな特徴の一つと言ってよいでしょう。

たとえば首都圏の場合、京浜工業地帯のど真ん中にある、今のJR東日本の鶴見線の海芝浦《うみしばうら》駅を選んでいます。関西では大阪環状線の京橋駅から一駅だけ環状線の内側に〇・五キロ、つまり五百メートルだけ入ったところに片町《かたまち》という終着駅がありました。この駅は平成九（一九九七）年に、福知山線と直通するJR東西線が開業するのと引き換えに廃止されてしまったのですが、大阪環状線の内側ですから、まさに大阪のど真ん中です。

海芝浦にしろ片町にしろ、大都会の中心部や工場地帯の中枢部に近いところにある通勤路線の終点を、北海道の北方領土に近い終着駅と同列に並べて取り上げているというのは、当時の旅行雑誌の企画としては斬新な視点だったと思われます。宮脇はこの作品の中で、遠くへ行くばかりが旅ではない、旅とは日常からの脱却である、という主張をしているのですが、そういう発想が舞台の選定結果から読み取れます。終着駅というのは、都会の人が旅行雑誌で一般的に思い浮かべそうな遠い遠い場所にあるだけではなく、いろいろなスタイルがあるのだ、と。

鶴見線というのは、首都圏の人でないとわかりにくいかもしれませんが、行政区域上は横浜市鶴見区にあって、JRの京浜東北線の鶴見駅から分岐して京浜工業地帯の中を走る路線です。工業地帯への通勤客が大勢利用する通勤路線であると同時に、貨物列車が多く走る典型的な工業路線

です。

鶴見を出た電車は、浅野という駅で、本線というべき扇町《おおぎまち》方面へ向かう路線と、この作品で取り上げられている海芝浦駅へ向かう支線に分かれます。

　浅野を発車して、さらに右へぐいと曲ると、突然左窓が開けて運河が現れる。どす黒い平底船が行き交っている。オランダのロッテルダムあたりに似通う眺めである。この旭運河が出現する瞬間は鶴見線の白眉だと思う。何度来ても、いい。

　旭運河に沿って走ると、新芝浦で、四分の一ほどの客が下車する。そして、無人の改札口を通って工場へ入っていく。（「海芝浦〔鶴見線〕」より）

新芝浦《しんしばうら》駅は「無人の改札口」とありますが、鶴見線は昭和四十年代半ばに路線独自の合理化が行われて、始発駅の鶴見駅に、同じ国鉄線同士なのに、通常の駅全体の改札口の中にさらに鶴見線専用の乗り換え改札口を作って、そこで路線内全体の乗車券や定期券をチェックする態勢が取られていました。この改札内改札は今でもあります。その代わり、鶴見線の各駅は無人駅で駅員がいないので、無人駅から乗った乗客は、鶴見駅で切符のチェックを受ける、ということになっ

ています。

今はＩＣカード式の自動改札があるので、旅客向けの改札を無人にしてもそれほどおかしなことではないですが、改札口と言えば有人改札が大前提だった昭和四十年代半ばにそういうことをやっていたというのは、全国的に見ても同種の例が見当たりません。つまりはそのくらい、鶴見線を利用する客の大半は鶴見駅から路線内の各駅を最寄りとする工場への通勤客ばかりで、路線内の駅と駅を利用するお客さんは、いちいち駅員を置いてチェックする必要なしと判断されるくらい少ない、とみなされていたことになります。

さあ、その新芝浦を出た電車は、次の終点・海芝浦へ向かいます。


新芝浦までは複線だが、ここからは単線になる。電車は旭運河と別れて右へ曲り、東芝工場のなかへと進入する。貨物用の引込線に入ったかのようだ。

そして、右へ九〇度カーブすると、工場から抜け出し、幅広い京浜運河に接して停車した。終着駅の海芝浦である。

これほど海に近い駅は他にないだろう。埋立地の岸壁にホームがあるので、柵から首を出すと直下に海面があり、青黒い水がひたひたしている。船の舷側から見下ろしたような錯覚におちいる。

鶴見線には三つの終着駅があるが、この海芝浦が断然おもしろい。海の気にひたることができる。

それで、さっそく柵に手をかけて首を出そうとしたが、今回はそれができない。せまい片面ホームに通勤客がひしめいているので、私たちが立ち止まると、人の流れが渋滞するのである。海面を見下ろすのはあとにして、みんなといっしょに歩く。このままでは工場の中まで連れて行かれそうだ。私たちは柱の蔭のわずかな空間を見つけて待避した。(「海芝浦〔鶴見線〕」より。なお、当該引用部の第三段落にある「直下に海面があり」は、昭和六十一年刊行の新潮文庫版では「真下に海面があり」に修正されている)

この記述からわかる通り、宮脇はわざわざ、平日の朝のラッシュ時にここに乗りに来ているのです。旅行するなら空いている日や時間帯のほうがいいだろう、と考えるのが通常だと思いますが、そうではなく、この路線やこの駅が最もその路線らしい、駅らしい表情を見せる時間帯を見てみたいと考えてスケジュールを立てているわけです。

これは、宮脇が旅行先の季節の選択について、いろいろな作品でしばしば書いていることと共通しています。北海道へ行くときは夏だけでなく、観光的にはスキー以外はオフシーズンに当たる厳しい冬の時期こそ北海道らしいとか、インドへ行くときは日本では経験できないような真夏の時期こそ真のインドの姿を見られる、と考えて本当に真夏に行くとか、そういうことを他の作品でもしています。旅行雑誌の連載で、工業地帯の通勤路線にわざわざ通勤ラッシュの時間を狙って行こうという発想も、根は同じなのでしょう。

消えゆく赤字ローカル線の日常を描く

本作品の二つ目の特徴として、昭和五十年代後半の全国各地に見られた赤字ローカル線の実態を詳細に伝えるルポになっている、という点が挙げられます。

国鉄がJRになったのは昭和六十二（一九八七）年で、今からもう三十年以上も前のことなので、国鉄という国営の事業体があったことを知らない世代も増えていますが、そもそもJRという今の鉄道会社は、日本全国を包括的に運営する日本国有鉄道という国営事業が民営化され、かつ貨物を含めて七つの会社に分割されてできました。いわゆる、国鉄の分割・民営化です。

なぜそんなことが行われたかということを説明し始めると、それだけで別の本が一冊できてしまいそうなので詳細は省略しますが、原因の一つとして、税金で運営されている国鉄の赤字経営が深刻になっていて、それを何とかしなければならない、という国の政策課題がありました。そして、当時は日本全国に赤字の程度が深刻な国鉄のローカル線がたくさんあって、これらを国有鉄道としてこのまま営業することは適切でないから廃止せよ、という法律、いわゆる国鉄再建法ができたのが昭和五十五年です。この法律に基づいて、昭和五十年代後半から平成の初期にかけて、日本全国の赤字ローカル線が次々と廃線になったり、半官半民の第三セクター会社がそれぞれの地元で設立されて運営を引き受ける、ということが起こりました。

第三セクターとは、公営事業体（第一セクター）でも私営企業（第二セクター）でもない運営方式による団体のことで、一般的には国や地方公共団体と民間が合同で出資して設立した企業、まさに半官半民の事業体を指します。平成二十五（二〇一三）年にＮＨＫの朝の連続テレビ小説「あまちゃん」で登場した「北三陸鉄道」は、まさにこの国鉄再建法に基づいて廃止されそうになった国鉄の赤字ローカル線（久慈線、宮古線、盛線）を引き受けて発足した三陸鉄道がモデルでした。

もちろん、日本各地に散在していた赤字ローカル線の全ての地元に、こうした別会社を作って自力で鉄道を動かす体力があるわけではありません。それでも、それぞれの路線の地元にとっては、赤字であっても大切な鉄道路線なので、簡単に廃止に同意するはずもありません。

そのため、廃止候補とされた全国のローカル線沿線で、廃止反対運動が起きました。この作品が書かれた昭和五十六年から五十八年というのは、ちょうど、そういう赤字ローカル線が実際に廃止され始める直前の時期でした。この作品にも、廃止候補として指定された路線の終着駅がいくつか挙げられています。

その一例を取り上げてみましょう。最初は、新潟県を走っていた赤谷《あかたに》線という路線の終着駅、東赤谷《ひがしあかたに》駅です。

駅に戻り、駅長の佐藤諭《さとる》さんの話を聞く。人口の減った話、それ以上に減った乗客数、明るい話題はひとつもない。

佐藤さんは地元の出身で、東赤谷に住んでいる。

「子どもたちは結婚して町へ出て行きましたから、いまは家内と二人きりです」
と、淋しそうであった。

ポン、ポンと爆音器の音が山間にこだまする。カラスやサルを追い払っているのである。人間が減ってサルが増えたのであろうか、駅の構内にも群れをなして現れるという。

山峡の東赤谷駅に初秋の夕暮れが迫ってきた。

急勾配を上るディーゼルカーの唸りが近づいてくる。この列車は18時18分発となって折り返す。私たちは、これに乗って東赤谷をあとにするつもりである。

「お客さんが一人も現れませんでしょう。いつもこうなんですよ。……どうか、よく見てやってください、この駅を」

佐藤さんの声は、かすかに震えていた。

しかし、思いなおしたように金筋二本の制帽をかぶりなおすと、毅然とホームに直立した。

あたりが暗くなって、ススキの穂が白さを増している。その向うに、わずかな客を乗せ、車内の照明のみ明るいディーゼルカーが、走馬灯のように現れた。(「東赤谷〔赤谷線〕」より)

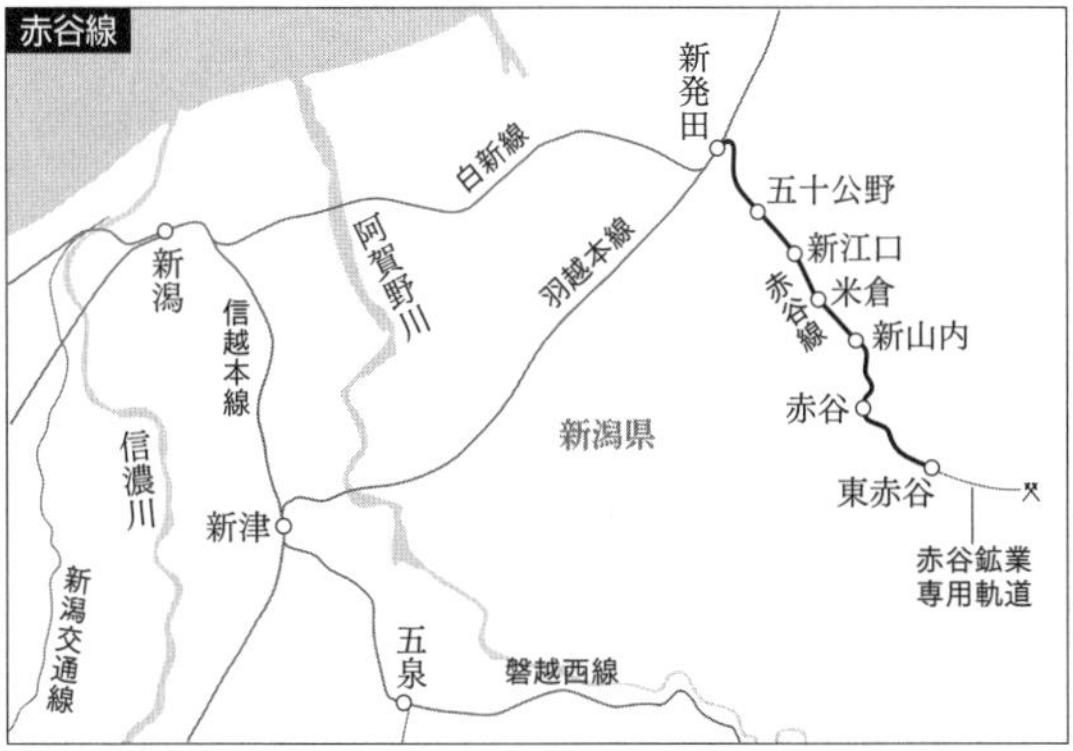

お客さんが一人もいないという山の中の終着駅ですが、そういう駅でも駅長さんがちゃんと勤務していたんですね。当時、廃止が議論されている赤字ローカル線の多くは、こういう状況で営業運行をしていました。

この最後の駅長さんの言葉が「かすかに震えていた」「しかし、思いなおしたように」「毅然とホームに直立した」といったあたりは、淡々とした表現を目指していた宮脇作品の中では、利用者が一人もいないこの山の中の小さな駅で任務を遂行する駅長さんの様子や、廃止を免れなさそうなこの駅の消えゆく運命に対する物悲しさというか、そういう宮脇自身の感情がこもっているように感じられる珍しい場面です。

それは宮脇本人も自覚していたようです。この作品から九年後の平成三（一九九一）年に、この原稿を最初に載せた月刊誌『旅』が、十年前のこの企画で訪ねた東赤谷駅の跡を宮脇自身が再訪して、このときの駅長さんにも再会する企画を立てています。この再訪ルポが『線路の果てに旅がある』（平成六年、小学館）という作品集に収められているのですが、その中で、十年前の自分が書いた右の部分について、「もう二度と東赤谷駅に来ることも佐藤駅長にお会いすることもないだろう、との思いがあって、文章が感傷的になっている」と自己評価しています。

この東赤谷駅は、結局、この訪問から一年半後の昭和五十九（一九八四）年三月限りで赤谷線が廃止されたことで、駅自体も消滅してしまっています。

もう一つ、今度は、廃止が議論されたものの、珍しく廃止を免れて、令和の時代になった今でも走っている路線です。三重県にある今のＪＲ東海の名松《めいしょう》線という路線で、松阪《まつさか》から分岐して伊勢奥津《いせおきつ》という終着駅へ向かうときの様子です。

名松線の列車が発着する1番線には「乗って残そう名松線」と大書され、沿線町村の小学生の図画が一面に掲げられていた。

二両のディーゼルカーに一四、五人の客を乗せ、定刻9時24分に松阪を発車すると、しばらく雲出川《くもずがわ》の下流に開けた水田地帯を走る。美濃では田植がすんだばかりであったが、このあたりは苗が青々と伸びている。

右窓に近鉄の架線が見え、それが近づいたり離れたりする。約二〇キロにわたって、ほぼ並行しているのである。あちらは運転本数が多く、速度も速いので、ときどきオレンジ色の電車が颯爽と私たちを追い越していくのが遠望される。

近鉄とおなじようなところを走っているのだが、車窓の眺めはちがって見える。新しい

住宅や商店は近鉄の近くに集まり、名松線では、さびれた無人駅だけが、ぽつりぽつりと現れるからであろう。

雑草の茂る無人駅には、「乗って残そう名松線」のほかに「車内で往復切符を買いましょう」の新しい看板が、かならず立てられている。（「伊勢奥津〔名松線〕」より）

始発駅の松阪駅と、途中の無人駅にも「乗って残そう名松線」というスローガンが書かれた看板が必ずある、と書いていますが、名松線に限らず、三十年から四十年前の日本全国の赤字ローカル線の沿線では、この「乗って残そう◯◯線」というスローガンの看板がどこにでもありました。私も実際に何度も見たことがありますが、全国どこへ行っても「乗って残そう～」という言い方はほぼ同じでした。

鉄道路線が廃止されるのは沿線住民の利用が少ないからだ、という議論が本格化する中で、地元の人たちがみんなで積極的に列車を利用することで地域の鉄道が廃止されないように利用実績を上げていこう、というのが、このスローガンの主旨です。もっとも、結果から見ると、ほとんどの路線でこの「乗って残そう～」キャンペーンは功を奏さず、予定通り廃止されてしまいました。

そんな中で、名松線は奇跡的に廃止を免れました。これは「乗って残そう～」キャンペーンによって旅客実績が急激に改善したからではなく、廃止してバス輸送に転換した場合の代替道路が未整備だったことが理由です。国鉄再建法で廃止候補に指定された数多くのローカル線のうち、令和の今なおJRが運行を続けているのは、全国でこの名松線だけです。

雑誌初出後も繰り返された推敲の跡

最後に、この『終着駅へ行ってきます』に限らず宮脇作品全体にあてはまる事実を、この作品をわかりやすい一例として指摘して本章を締めくくりたいと思います。

宮脇は雑誌『旅』の宮脇俊三特集（二〇〇〇年九月号）のインタビューで、「文章がうまくなる方法は？」という読者からの質問に対して、「推敲、とくに調子づいたところを削ることです」と回答しています。自分の文章を何度も何度も繰り返し読み返して点検することが、よい文章を書くために不可欠だ、と断言しているわけです。

推敲は通常、作家が作品を世に出す前に行われる作業なので、生原稿でも見ない限りどの文章をどう手直ししたかを読者が知ることはありません。ところが、この『終着駅へ行ってきます』という作品には、宮脇本人によるその推敲の過程を垣間見られる箇所があるのです。

そのわかりやすい実例が、北海道の士幌線というローカル線の十勝三股《とかちみつまた》・糠平《ぬかびら》という回に見られます。

士幌線というのは、北海道の帯広から北に向かって延びていたローカル線です。赤字ローカル線の一つとして、国鉄の分割・民営化直前の昭和六十二年三月に廃止されました。

この路線の終着駅は十勝三股という駅だったのですが、本作品では、終着駅の名前を「十勝三股・糠平」というふうに二つ並べています。当時、全国でもこの士幌線でのみ行われていた特殊な方策だったのですが、終点の十勝三股より二駅手前の糠平という駅までの区間、二駅と言っても広い北海道らしく十八・六キロもありますが、この区間のみ、赤字ローカル線の廃止議論が全国的に本格化する前の昭和五十三年十二月から、鉄道の運行を休止して国鉄バスが代行輸送を行うという措置が執られていました。これは、この区間の沿線住民があまりにも少なくて、数軒の家から了解を取り付ければそれで問題が起きなかったからだと言われています。

実際、宮脇がこの作品で糠平から代行バスに乗ったときは、乗客は宮脇を含めて三人だけで、他の二人も本州から来た鉄道ファンでした。代行バスの運転手からは、「(このバスに)毎日乗るのは四人」という話を聞き出しています。

建前上は廃止ではなくて休止なので、時刻表には士幌線の欄に糠平から十勝三股までの列車の時刻がきちんと載っていました。十勝三股までの鉄道乗車券は全国の駅で発行され、その切符で代行バスも乗れました。列車の運行は糠平までだけど、士幌線の建前上の終点はその二十キロく

らい先の十勝三股です、という状況だったので、この作品では糠平と十勝三股の両駅を終着駅として併記したのです。

こうして士幌線の列車は、すべて糠平止まりとなり、糠平―十勝三股間は廃線同様になった。しかし、国鉄当局は、廃線ではなく「休線」の建前をとっていて、士幌線の営業区間もキロ数も変えていない。糠平止まりの列車に、注釈つきとはいえ「帯広←→十勝三股」の行先札をつけているのも、そのあらわれであろう。

こうなると鉄道ファンにとっては釈然としないわけで、「士幌線の終着駅は糠平であって十勝三股ではない。代行バスなんかに乗るもんか。オレは糠平で引き返す」と言う人もいる。

もっともな意見だと思うけれど、私は、あまり厳しく物ごとを考えるのは苦手だし、根が楽天的にできているから、終着駅が二つあるのもおもしろいじゃないか、ぐらいに考えている。

（「十勝三股・糠平〔士幌線〕」より）

この部分は、単行本に掲載されている「十勝三股・糠平」の一節です。同じ部分を、単行本に収められる前の雑誌掲載時と比較してみると、文章が若干変わっているところがあるのです。

以下は、この原稿の初出である月刊誌『旅』の昭和五十七年一月号に掲載されている同じ箇所の後半部分です。記事のタイトルは「代行車はクリスタル家族を乗せて」、目的地は「士幌線・十勝三股」とだけなっていて、単行本のように糠平の名前は入っていません。

こうなると鉄道ファンにとっては釈然としないわけで、代行バスなんかに乗るもんか。オレは糠平で引き返す」

「士幌線の終着駅は糠平であって十勝三股ではない。代行バスなんかに乗るもんか。オレは糠平で引き返す」

と、いきり立つ人もいる。

もっともな意見だと思うけれど、私は、あまり厳しく物ごとを考えるのは苦手だし、根が楽天家にできているから、終着駅が二つあるのも面白いじゃないか、ぐらいに考えているのである。(『旅』昭和五十七年一月号「代行車はクリスタル家族を乗せて」より。傍線は引用者)

傍線部分が単行本と違っている部分です。単行本では「おもしろい」となっているのが、初出時は漢字表記になっている、という漢字表記の変更を除くと、この短い部分に三ヵ所あります。

一つ目は、鉄道ファンの意見を代弁している部分について、「「オレは糠平で引き返す」と、いきり立つ人もいる」、という部分です。ここは、単行本では「と言う人もいる」に変わっています。

二つ目は「根が楽天家にできているから」という部分ですが、単行本では「根が楽天的にできているから」となっています。「家」が「的」に改められています。

三つ目は文末で、「ぐらいに考えているのである」という表現を、文庫本の段階では「ぐらいに考えている」として、「のである」を削除しています。

編集者としての〝美意識〟

これらの修正箇所は、文章の持つ事実関係上の意味には全く影響を及ぼさないところです。にもかかわらず、こういう細かい修正をしている背景が二つ考えられます。

第一は、単行本としての紙面の見栄えを考えた結果、ここで字数の削減が必要になったのではないか、という事情です。

日本交通公社出版事務局から刊行されたこの作品の初版本を見ると、「～おもしろいじゃないか、ぐらいに考えている」という後段の文章は、その下に二文字分の余裕があるだけです。もしも文末が雑誌掲載時の「～ぐらいに考えているのである」のままだと、「のである」の四文字分だけ多いので、紙面上は一行増えることになります。

このページで一行増えると何が起こるのか。四ページ先を開くと、その影響が予測できます。初版本は一ページあたり十八行の本文で組まれていて、この章は四ページ先で話が終わっているのですが、本文はその最後の行まで書かれています。一行の余裕もなく、次のページを開くと次の章が始まっています。もしこの本文がもう一行多いと、この章の最後の一行だけがページをめくった次のページに表示されて、そのページは残りの十七行分は空白になり、その次のページから次の章が始まります。

このように一行だけ本文が次のページにはみ出して終わり、空白が目立つ書籍の作り方は、宮脇が長い編集者経験の中で培った美的感覚に照らして、許容できなかったようなのです。

そのことを強く推測させるエピソードを、北杜夫が『マンボウ交友録』（昭和五十七年、読売新聞社）で書き綴っています。宮脇が中央公論社の編集部員として『どくとるマンボウ航海記』の編集を担当した、昭和三十五（一九六〇）年頃の話です。


つまり、彼は自分のこしらえる本が自分の好みに合わないと気が済まない。たとえば或る章が終って、その最後の一、二行がはみ出、あとが空白になっていることは、彼の美意識に反することである。

ゲラが出だした頃、宮脇さんは一枚の紙を持って私のところにやってきた。

「或る章の終りがあまり空白のある本だと感じがわるいので、このように何行かけずったり書き足したりして頂けませんか」

その表を見ると、

「第何章＋8。第何章－3。第何章－2……」

というようにずらりと並んでいる。

正直を言って、私は何という小うるさい人だと思わざるを得なかった。しかし、考えてみると、すべて私の本をより感じよくするためであるので、苦労をしてけずったり書き足したりした。（北杜夫『マンボウ交友録』より）

こんな苦労を自らにも課すのであれば、雑誌掲載時の「面白い」という表現をわざわざ「おもしろい」とひらがなにして二文字増やすようなことをしなければよいのではないか、とも考えてしまいます。ただ、「おもしろい」という単語は、他の章ではひらがな表記されています。こういう場合、同一の書籍の中では同じ単語の表記は統一するのが一般的なルールとされているので、宮脇の〝美意識〟はそのルールを優先したのでしょう。

つまり、「面白い」の表記をひらがなにして二文字増やすことは譲れないのです。そのうえで、単行本の紙面上で一行だけページをはみ出る事態を避けるため、文章の内容とは関係なく字数を削減しようとしていたことが、強く窺われます。

より淡々とした調子を志向した

そのような第一の事情から字数の削減が必須となったところで、単行本のように表現が修正された第二の背景と言えるのが、より淡々とした文体を志向する宮脇のこだわりです。

「いきり立つ人もいる」を「言う人もいる」に変えたり、文末の「のである」という断定調の強い言い切りを削除したりしている点からは、本人が原文と比較してより淡々とした調子に改める傾向が見てとれます。所定のページ内に本文を収めるため一行以上削らなければならない、という別の事情はあったにせよ、単行本化にあたってもう一度自分で自分の文章を全部読み直して、それこそ本人がインタビューで話していたように、「調子づいたところを削る」という作業を地道にやっていたことが、この短い部分に見られる推敲の跡からよくわかります。宮脇が紀行文というジャンルにおいてどういう文体や作風を目指していたのか、こうした箇所から窺い知ることができるのです。

しかも、宮脇は後年になっても、こうした推敲作業の手を弛めませんでした。たとえば、本書の第二章で紹介した『最長片道切符の旅』の書き出しでは、「小住宅専門の大工が大邸宅の施工を請負ったようなものかもしれない。」という比喩の一文（51ページの傍線部分）が、平成十（一九九八）年に刊行された『宮脇俊三鉄道紀行全集　第1巻（国内紀行Ⅰ）』（角川書店）では削除されています。十九年前に出して売れ行きも好調だった自著までも、「調子づいたところを削」って淡々とした文体での完成度をさらに高めようとしていたのでしょうか。

このため、この全集に掲載されている文章をもとにした宮脇没後の復刊『宮脇俊三鉄道紀行セレクション　全一巻』（小池滋〔編〕、平成二十六年、ちくま文庫）でも、この傍線部分は削られています。一方で、平成二十（二〇〇八）年に新潮社から復刊された同書の単行本では、この一文も忠実に再現されているので、宮脇作品の新しい読者は同じ作者による同名の作品なのに、書店で手に取る本の種類によって異なる文章を読むことになる、という事態が生じています。

『最長片道切符の旅』にしても『終着駅へ行ってきます』にしても、作家としての宮脇の初期に書かれた作品です。そして『終着駅へ行ってきます』は、書き下ろしだった『最長片道切符の旅』と異なり、月刊誌に連載した原稿を一冊の本にまとめる過程を経ているため、雑誌連載時と単行本刊行時の文章を比較することで、当時の推敲の跡を容易に見つけられます。後に「文章が感傷的」と自己評価した東赤谷駅の描写や、この十勝三股の回にある「いきり立つ」という表現に見られるように、いわば筆がのっていた時期の宮脇が、同時にどのような文体を理想としていたのか、この『終着駅へ行ってきます』という作品は、そうした試行錯誤の過程も垣間見せてくれます。

第四章　国内紀行④『時刻表おくのほそ道』

『時刻表おくのほそ道』昭和59年、文藝春秋

「私鉄全線乗車」企画に難色を示す

この作品は昭和五十七（一九八二）年四月に刊行されました。昭和五十五年十月から五十六年十二月にかけて地方の中小私鉄を訪ね歩き、その紀行文が雑誌に連載された後に単行本となったものです。

この雑誌の企画は当初、国鉄全線を乗車した宮脇に、日本中の私鉄も全部乗ってもらおうという壮大なものでした。列車に乗って旅をしてその紀行文を書け、という注文を宮脇が断る理由はないはずなのですが、このときの宮脇は、全国の総距離が国鉄全線の半分以下しかない私鉄の「全部に乗った」と言えるためには大変な時間と労力がかかるのだ、ということを編集者に力説して、難色を示します。

なぜなら、私鉄に全部乗るということは、すなわち日本国内にある国鉄以外の鉄道路線全部が乗車対象になるわけですが、そうなると「鉄道とは何なのか」という定義を明らかにしないといけません。『時刻表2万キロ』の題材となった国鉄線は、二本のレールの上を旅客列車が走る通常の鉄道路線と決まっていましたが、私鉄は会社や路線によって乗り物としての形態に大きな差があり、どれが乗るべき「鉄道」なのかは、考え方によって差が出るのです。

そこで宮脇は、提案を持ってきた出版社の編集者に対して、当時の運輸省（現・国土交通省）が刊行している専門の統計書を引っ張り出して、日本の法規上で「鉄道」として扱われている交通機関がどういうものか、説明をし始めます。でも、その編集者はそんな細かいことは知らないまま会社の企画会議を通ったプランを持ってきたので、話を聞いても当惑するしかありません。

このとき、宮脇自身もきっと詳しく説明したと思われますが、法規上の「鉄道」は、線路の上を走っている乗り物だけではないんですね。ロープウェイとかスキー場のリフトとか、ああいう乗り物は正式には「索道」と言いますが、法規上は鉄道の仲間に分類されます。じゃあ索道は線路の上を走っていないのだから除けばいいじゃないかというと、索道にはロープウェイだけでなく、ケーブルカーも含むのです。「全ての鉄道路線に乗る」ことを目指す鉄道ファンが、明らかに線路の上を走って営業運行しているケーブルカーを無視することは、ほぼあり得ません。

そこで担当編集者は、乗るべき「私鉄」からリフトやロープウェイを除外しようとします。同じ索道でも、ケーブルカーは含めてリフトやロープウェイは含めないとすると、その区別の基準は何かと言えば、線路の上を走っているかどうか、ということになるはずです。

ところがそうすると、今度はモノレールのような乗り物はどうなるのか、という問題が出てきます。ただ、東京で浜松町から羽田空港へ行く東京モノレールを、線路の上を走らないから鉄道ではないと言って見向きもしない鉄道ファンも、たぶんいないでしょう。

さらに、同じモノレールでも、東京モノレールのように軌条の上に跨《また》がるスタイルではなく、懸垂式といって、車体の上の軌条にぶら下がって高い位置を走る形態の路線もあります。千葉市や神奈川県の大船にあるモノレールがそれです。

懸垂式モノレールは形態としてはロープウェイに似ていますが、これが鉄道の一種とみなされることに異論はほぼありません。市販の時刻表にも、他の私鉄と区別されずに掲載されています。でもそうなると、ロープウェイは鉄道に含めず懸垂式モノレールは鉄道に含めるのは矛盾しているようにも思えてきます。

そのほかにも、札幌の地下鉄はゴムタイヤ式で走っているし、今の日本では黒部のアルペンルートにしかありませんが、トロリーバスも正式には無軌条電車と言って、軌条、つまり固定して走るべき施設を持たない電車とみなされて、日本の法律上は鉄道の仲間に含まれています。

「鉄道路線に全部乗る」という行動は、鉄道ファンの間で「乗りつぶし」と言われます。本当に「乗りつぶした」かどうか自体、誰かが判定しているわけではなくいわば自己申告であり、そもそも「申告」する公的認証機関があるわけでもない。どこまでも、自己満足を前提とする趣味の世界での話です。

私自身も宮脇俊三その他の著作に触発されて、大学生のときにJR全線を乗りつぶすという自分で立てた目標を達成しましたが、最後の一路線に乗って終着駅に着いたときも、立会人などなく、東北地方の小さなローカル駅に一人佇《たたず》むだけでした。我が事ながら、鉄道路線の乗りつぶしなど、世間的な名声などとは対極にある酔狂な自己満足行為でしかないのです。

そういう乗りつぶし行為について、あえて世間にその達成をアピールするためには、「その

（申告）内容が事実なら、確かに達成したと言えるだろう」と、同じ趣味の世界の仲間に共通認識を持ってもらえるか、が指標の一つになります。

たとえば、現在だと日本の鉄道全線の乗車区間を塗りつぶして記録するために使う鉄道雑誌の付録などをときどき書店で見かけますが、そういう乗りつぶし記録帳を見ると、ケーブルカーやモノレールは必ず乗るべき対象路線として掲載されています。一方、ロープウェイやリフトを対象路線として掲載している記録帳は、私自身は見たことがありません。

ということは、「日本の鉄道を全部乗る」というときに一般的に想定される乗り物とは、ケーブルカーやモノレールは含むがロープウェイやリフトは含まない、という不文律が日本の鉄道ファンの間で共有されている、と断定してよいでしょう。

ちなみに、トロリーバスは法規上は無軌条電車と扱われているとしても、実態はほとんどバスそのものなので、あれを鉄道の仲間に含めることには、私個人は違和感があります。少なくとも、あの乗り物を「旅客列車」という人はいないと思います。

ただ、市販の乗りつぶし記録帳のほとんどは、法規上の扱いを尊重して、トロリーバスを乗車すべき対象路線として掲載しています。これはおそらく、現在の日本国内には立山黒部アルペンルート上の一ヵ所しかトロリーバスの運行区間がなく、しかもその前後のルート上にケーブルカーがあるので、乗るべき路線にこのトロリーバス区間を含めても「それだけを乗りに行く」という難易度が急上昇するわけではない。だったら、せっかくだからこの日本唯一の無軌条電車区間も乗りつぶしの対象にしても読者（＝鉄道ファン）は納得するのではないか、という判断が、乗りつぶし記録帳の編集者側に働いているのではないかと私は推測しています。

仮に、昭和三十年代の東京のように、多くのトロリーバス運行区間が全国に存在したら、「架線がないふつうのバスと何が違うんだ」という鉄道ファンからの異論がもっと強くなって、鉄道乗りつぶしの対象路線からトロリーバスは除外されていたかもしれません。

時刻表の片隅でしか知らない地方私鉄

そんな小難しい議論を重ねた宮脇と編集者は、その議論に決着がつかないまま、とにかくどこへでもいいから私鉄に乗りに行こう、という話になります。そこでいくつか地方のローカル私鉄を挙げたら、それだけで一年間雑誌の連載になってしまうからそれでいいんじゃないの、というのが、この作品のそもそもの発端でした。「日本全国に散在する中小ローカル私鉄の実態をつぶさに観察して、地方の公共交通機関のあり方を世に問うてみよう」というような、肩に力が入った理想や高邁な目標などまるで感じられないところが、いかにも宮脇作品らしい成り立ちです。

宮脇が国鉄全線に乗車するまで私鉄の乗車を後回しにしていた理由は、これまた『時刻表2万キロ』の著者らしさ全開の単純なものでした。すなわち、宮脇は時刻表を読むのが好きだったので、時刻表に時刻がきちんと書いてある路線にまず目が行く。そうすると、市販の時刻表は国鉄中心なので国鉄線中心になり、私鉄は後回しになった、というわけです。

これは現在の市販の時刻表でもそうですが、時刻表に掲載されている路線は基本的にＪＲ線が中心で、巻末のほうに私鉄やバスや船がまとめて載っています。この私鉄の時刻表は抄録扱いなので、中間駅が省略されていて起点と終点の二駅しか出ていなかったり、列車自体も全ての列車が載っておらず、始発と終電のほかは「この間約〇分ごとに運行」のような注記で済まされているケースもあります。

もちろん、東京や大阪の地下鉄の時刻を全部掲載しても、頻繁に走っているのであまり意味はないでしょうし、一部の都市に走っている路面電車の停留所の名前を全部載せても、その停留所に路面電車が分単位でダイヤ通り来るかはわかりません。路面電車の場合は、自動車道路との併用区間で渋滞が起これば遅れることもあるからです。

ただ、時刻表がそういう編集方針を採って国鉄線を優先させていたからこそ、宮脇は国鉄全線完乗までは私鉄にはあまり関心を向けませんでした。そこでこの作品では、私鉄全線完乗を断念した後付けの理由であるにせよ、そういう、時刻表の後ろのほうに小さく小さくかろうじて載っているような地方私鉄ばかりを選んで出かけていき、結果として、全国均一スタイルの国鉄にはない知られざる地方私鉄の個性に数多く触れることになります。「時刻表おくのほそ道」というタイトルは、本作品では連載開始前に思い立ったと書かれていますが、こうして一冊にまとまった目次に並ぶ路線名を眺めると、実に絶妙な命名です。

メインの乗車記が短い地方私鉄紀行

時刻表の巻末に小さく載っているだけの中小私鉄がどんな路線でどんな列車なのか、昭和五十年代半ばだと、今のようにインターネットですぐに調べられるわけではないですから、よほどの観光路線でもない限り、実際に現地へ行ってみなければよくわからない、というのが一般的でした。

しかも、遠路はるばる訪れた現地で乗る路線は、たいていの場合、区間が短い路線でした。この作品には全部で二十七の私鉄路線の旅が収録されているのですが、一番短いのが和歌山県の紀州鉄道で当時三・四キロ、これは当時、日本で最も短い鉄道路線でもありました。それ以外にも、千葉県の銚子電鉄が六・四キロ、北海道の夕張近くを走る三菱石炭鉱業大夕張線が七・六キロ、岩手県の三陸海岸近くを走る岩手開発鉄道が九・五キロ、というように、全線が十キロにも満たない路線もいくつかあります。

『時刻表2万キロ』に出てくる国鉄ローカル線と比較するとわかるのですが、国鉄のローカル線というのはもう少し長いのが通常で、中には百キロを超えるような路線もあります。これは、日本の国土全体の交通網発展という観点から作られる国有鉄道と、地域密着で地元の企業などによって運営される地方私鉄の違いの表れと言えるでしょう。

そういう路線に乗車しての鉄道紀行作品は、どう頑張っても、乗っている時間が短いため、長距離列車の旅より書くことが少ない、ということが起こります。だから、ということもあるのだと思いますが、この作品は、それぞれの章のメインテーマとなっている地方私鉄に乗っている話だけでなく、東京からその現地へ行くまでの列車の話が頻繁に出てきて、それがその章全体の文章量の半分以上を占めているような回もあります。典型的なのは、東京や上野から出ていた夜行列車で現地へ向かうケースですね。

そういう、短い区間を細々と行ったり来たりする小さな私鉄の旅を取り上げていきましょう。まずは、先ほども名前を挙げましたが、和歌山県の紀州鉄道です。当時は全長三・四キロでしたが、その後、終点側の一区間が廃止されて、今は全長二・七キロになっています。ただし、現在では千葉県の成田空港近くを走っている芝山鉄道が全長二・二キロということで、日本一短い鉄道路線の座はそちらに譲っています。

この回は、さすがに紀州鉄道の乗車区間三・四キロ、乗車時間が十二分間だけでは話が持たないためと思われますが、同じ和歌山県にある有田《ありだ》鉄道と、野上《のがみ》電気鉄道という別のローカル私鉄とひとまとめにして一回分の紀行作品としています。

では、その紀州鉄道のわずか三・四キロ、始発駅の御坊《ごぼう》駅を出発した直後からの旅をご紹介しましょう。昭和五十五年十一月下旬、出発時点で乗客は数人だけで、宮脇担当の雑誌編集者が同行しています。

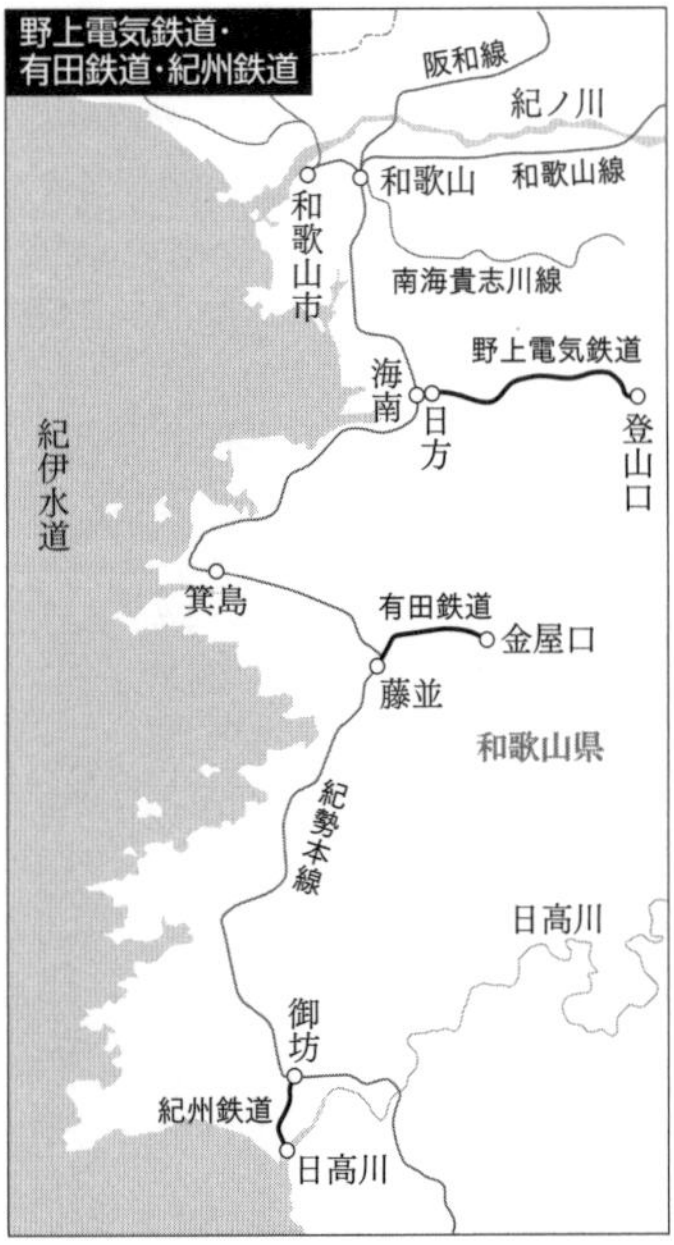

わずかな客を乗せた一両のディーゼルカーは時速三〇キロという低速で走った。三・四キロを走るのに一二分もかかるのである。

運転席のうしろに立って見ていると、遮断機のない踏切が一〇〇メートルごとぐらいに頻繁に現われる。家の蔭になっている踏切もある。運転士は前方を凝視している。けれども、歩行者も車も、みんな紀州鉄道をバカにしたようにディーゼルカーの直前を悠々と横断して行く。

西御坊を過ぎると、線路が草むらに変った。その中に二本のレールが隠見していた。

終点の「日高川」は、駅というよりもゴミ捨て場に近かった。晩秋の夕べの、うすら寒い風が人気のない終着駅のガラス戸を鳴らしていた。

名取君と顔を見合わせながら、することもなく立ちつくしていると、運転士がやってきて、この列車で戻るのかと訊ねた。私たちは、その運転士から切符を買った。客は他にいなかった。

運転席の横には「運転士に話しかけないで下さい」と書いてある。いろいろ聞きたいこともあるが、私たちは最前部にかじりついて、黙って前方を見ていた。すると、

「どちらから来られました?」

と運転士が話しかけてきた。（「野上電気鉄道・有田鉄道・紀州鉄道」より）

安全運転のためと思われる「運転士に話しかけないで」との注

意を守っていたら、（他に旅客の姿がなく、宮脇たちが一見して地元の住民ではなく旅行者だと思ったらしい）運転士のほうから話しかけてきたというオチが、この区間のふだんの閑散ぶりを想起させます。私も、全く別の会社の別の路線ですが、運転士一人、旅客が私一人という一両編成のローカル列車で運転席近くに立って前方を見ていたら、運転士から同じように話しかけられた経験があるので、こういうこと自体は昔は珍しくなかったのだと思われます。

この作品では、乗車当時の市販の時刻表がそのまま転載されているのですが、紀州鉄道は全区間を走る列車が一日九往復で、それ以外に途中の西御坊までで折り返す列車が、時刻表に載っていないけれど八本あったそうです。九往復しか走らない最後の一区間、西御坊と日高川《ひだかがわ》の〇・七キロは、平成元（一九八九）年に廃止されて今はありません。西御坊を過ぎると線路内の雑草が増えていかにも整備されていなくて、終点の日高川駅はゴミ捨て場に近い、と書いています。

そして、日高川からの折返し列車は宮脇と同行編集者以外には乗客がいない、つまり一日九往復のうちの貴重な一本なのに、地元の乗客はゼロだったわけです。本作品で取り上げられている地方のローカル私鉄というのは、こういう状況で運行されていることが珍しくありませんでした。

ただ、この宮脇一行の旅から四十年以上経った現在、この章で取り上げられている他の二路線、和歌山県内の有田鉄道と野上電気鉄道は廃止になってしまったのに、こういう状態で走っていた紀州鉄道は、末端区間が廃止されたとはいえ今も健在です。この作品で取り上げられている二十七の私鉄のうち、現在でも旅客営業をしているのは十一路線だけで、あとは鉄道の廃止によってバス会社に変わったり会社自体がなくなってしまったり、ということになってしまっています。

自家用車全盛の時代に地方私鉄が旅客営業を続けていくことの難しさを、本作品を読むと改めて実感させられます。

私鉄ならではのユニークな車両が登場

この作品で取り上げられている私鉄の旅を読んでいると、乗っている車両がその路線ならではのオリジナルでユニークな特徴を持っている、という場面があちこちで出てきます。これは、車両の形式に関する話に極力触れようとしない宮脇作品の中では、珍しい特徴の一つに数えていいのではないかと思います。

たとえば、南九州の鹿児島交通の回です。この路線は、現在のＪＲ鹿児島本線の伊集院《いじゅういん》駅から薩摩半島の西側を走って、現在のＪＲ九州の指宿枕崎《いぶすきまくらざき》線の終点・枕崎までの四十九・六キロを結んでいました。「いました」というのは、鹿児島交通という会社は今もバス会社として営業しているのですが、この鉄道路線は昭和五十九（一九八四）年三月に廃止されています。

宮脇はこの回で、伊集院から鹿児島交通線に乗ったときのディーゼルカーが、「総括制御」という通常の運転ができない超旧式車両である点に注目しています。総括制御というのは、鉄

道車両を運行するときに、一人の運転士が二両以上の車両の動力をコントロールする運転方法のことです。

東京のJR山手線の電車は十一両編成ですが、あれは十一両の電車のそれぞれに運転士が合計十一人乗っているわけではなく、先頭車の運転台に運転士が一人いて、その人が十一両編成全体を運転します。これがふつうですね。ところが、このとき、昭和五十六年二月に宮脇が鹿児島交通で乗ったディーゼルカーは、この総括制御ができない旧型車両でした。

その場合どうするかというと、先頭車だけでなく二両目の運転台にも運転士が乗って、互いに合図しながら、「せーの」でタイミングを合わせて運転を始めなければなりません。以下は、そういう場面に遭遇して、その様子を宮脇が列車の中で観察している部分です。

> 発車時刻がきた。初老の運転士の手もとを注視していると、ブザーが鳴り、前の車両がガクンと動く。間髪を入れず、こちらの運転士がスイッチを「中立」から「変速」に切り替える。すると、車両が始動して、前部車両の連結器にガチャンと突き当る。二台の力が合わさって、力むように動き始めた。
>
> 速度計が二〇キロを越えると、運転士はスイッチを「中立」に戻す。一定の加速がつけば、もう後押しの必要はないからであろう。
>
> 登り勾配にさしかかると、またブザーが鳴り、こんどはスイッチが「直結」に切り替えられ、後押しがはじまる。自動車でいえば、「中立」がニュートラル、「変速」がローとセコンド、

「直結」がトップに相当するらしい。

だいたい以上のような運転方法なのであるが、もうすこし詳しく知りたい。運転士に訊ねたいが、なにしろブザーが鳴ったとたんにスイッチを切り替えるという気のゆるせない仕事で、絶えず緊張しているように見える。話しかけるわけにいかない。通りかかった車掌に訊ねてみたが、鹿児島弁まじりなので、よくわからない。私の知っていることだと聞いていてわかるのだが、肝心の知らない部分になるとわからなくなるのである。(「鹿児島交通」より)

岡山県を走っていた同和鉱業片上《かたかみ》鉄道線も、乗車する車両に着目して選んだ路線です。この路線はJR山陽本線の和気《わけ》という駅を挟んで南北に延びていた路線で、もともとは岡山県の山中にある柵原《やなはら》という鉱山で採掘された硫化鉄鉱を港町まで運ぶ鉱山鉄道でした。鉱山が閉山になったため、平成三(一九九一)年六月限りで廃止されています。

この路線では、乗車する列車の車両をあらかじめ調べて、特定の車両が使用されている早朝の列車に乗ろうとした動機が、冒頭で説明されています。

柵原は同和鉱業片上鉄道線の終着駅のあるところで、津山からは二〇キロたらずである。朝《あさ》靄《もや》が川面を匍《は》っている。

津山に泊るのも、こんなに朝起きするのも、すべて同和鉱業の「ブルー・トレイン」のためである。

ブルー・トレインとは寝台車を主体に編成された夜行列車のことで、外装が青であることからそのように俗称され、少年たちに人気がある。一昨日の晩に乗った「出雲1号」はその代表格であった。

同和鉱業の片上線は柵原鉱山で採掘された硫化鉄鉱を播磨灘に面した片上港まで運ぶために敷設された鉄道で、貨物列車のほかに旅客列車も走らせているが、延長は三三・八キロ、もとより夜行列車を必要とする距離ではない。旅客列車も大半はディーゼルカーで、それが地元の、主として通勤通学客を運んでいる。

ただ、一日一往復だけ、ディーゼルカーでない列車、つまり旧式の客車を機関車が引っ張って走る「客車列車」が運転されている。この車両が青色に塗られていることから、鉄道ファンが、からかい気味に「同和鉱業のブルー・トレイン」と呼んでいるのであって、ほんらいのブルー・トレインではない。しかし、色のことはとにかくとして、私鉄における「客車列車」はいまやきわめて珍重すべき存在になっている。おなじ線路でもディーゼルカーで走るのと客車でガッタンゴットンと走るのとでは味わいがちがう。（「同和鉱業片上鉄道線・別府鉄道」より）

第一章で、宮脇が『旅』の宮脇俊三特集（二〇〇〇年九月号）のインタビュー記事で「非常に車両に弱いんです（笑）」と回答したことに触れました。確かに、車両の形式名や番号が宮脇作品の文中に羅列されていることはないし、細かいことまでわからなかったのはその通りかもしれません。

でも、ここに紹介した鹿児島交通や同和鉱業片上鉄道線の箇所を読むと、車両の形や種類に全然関心がなく何でもいいから動く車両に乗って窓の外を眺めていればいい、というわけではなくて、車両の種類や構造にもそれなりに強い関心を持っていたことが窺えます。そうでなければ、片上鉄道に乗るのにわざわざ早朝の客車列車を調べて選ぶ必要はありません。鹿児島交通の場合も、総括制御ができないディーゼルカーに遭遇したのは偶然らしいのですが、この路線にそういう珍しいディーゼルカーが走っているという予備知識自体は、旅行前から持っていたことがわかります。

この『時刻表おくのほそ道』でそういう車両に着目した記述が目立つ背景には、この作品が書かれた昭和五十年代半ばの日本全国の中小私鉄の旅では、国鉄の旅に比べて、車両のユニークさやオリジナル性が目につきやすかった、という事情がありました。

どういうことかというと、これも第一章で触れた通り、昭和五十年代半ばの国鉄線というのは、全国どこへ行っても基本的には同じ形式の車両が走っていました。今はＪＲが全国六つの旅客会社に分かれて、それぞれの会社がオリジナルの車両を製造していますが、当時はそうではありませんでした。電車やディーゼルカー、客車、電気機関車や蒸気機関車の形式は、基本的に北海道でも九州でも本州のどこへ行ってもほぼ同じで、全国一元運営の国鉄が同じ形式の車両を大量生産して、全国どこでも使いまわせるようになっていたわけです。

ところが、地方の中小私鉄には、そういう、全国規模で大量生産された同じ形の車両を使うという事情がありません。だから、各会社が自分たちの会社独自のオリジナル車両を走らせているケースが多く、それが当時の国鉄の旅と比較すると、ユニークさの度合いが強く感じられたのではないかと思われます。

しかも、この車両のオリジナルやユニークさという地方私鉄の特徴は、四十年後の今と比較すると、当時のほうがより特徴が際立っていて、今からこの作品を読み返すとかえって新鮮に感じられるという事情もあります。

というのは、この作品の当時に比べると現在は地方私鉄の路線自体が減っています。それに、今も営業運行している路線でも、自分の会社のオリジナル車両にお客さんを乗せて毎日走っているという路線は、かなりの少数派になっています。地方の中小私鉄が、自分の会社用のオリジナル客車を鉄道車両製造会社に発注すると、大量生産されるわけではないのでコストがかかります。オリジナル車両が少ないのは、その当然の結果と言えます。

そこで、かつてはオリジナル車両を導入して走らせていた地方私鉄が、その車両が老朽化したりして別の車両との置き換えが必要になってきたときに、新しいオリジナルの車両を独自に発注するのではなく、大都市の大手私鉄の車両でまだしばらくは走れそうなのを中古車両として譲り受けて使う、というケースが、昭和の終わりから平成にかけて主流になっていきました。

特に、首都圏の大手私鉄のいくつかの会社から、地方私鉄へ車両が移籍する例が多くあります。

大手私鉄の場合、新型車両導入で余った旧式車両でもまだまだ使えるので、日本全国の地方私鉄へ譲渡されて第二の人生を送る、というわけです。

それは、経営上の理由としてはもっともなので、地方私鉄が健全な経営で存続していくのに必要なことなのでしょう。その一方で、地方私鉄独自の車両というのはだんだん姿を消してしまいました。

令和になった今では、日本全国の大半の地方私鉄が、首都圏や京阪神の大手私鉄とか地下鉄車両のお下がりを使っている状態です。そういう現代から振り返ってこの作品当時の地方私鉄を見ると、実に個性豊かで、「この路線にしか見られない車両」というのがあちこちにあったんだなあ、ということを感じさせてくれます。

博物館クラスの超古典客車が現役で走る

もちろん、この作品の当時も、各会社の車両が全てオリジナルだったわけではなく、他の鉄道会社から譲り受けた中古車両を大事に使っているケースもありました。

その場合、私鉄に乗りに来たのに元・国鉄の車両なので私鉄の旅の気分にならない、ということもあり得たのですが、一方で、歴史が長い国鉄から譲り受けた車両を、受け入れた私鉄側が虎の子のごとく大切に使い続けているがゆえに、すでに本家の国鉄では姿を消してしまった、とんでもなく古い博物館級の車両が現役で使用されている状況に出くわしたりしています。

その実例が、北海道の三菱石炭鉱業大夕張線という路線です。この路線は、炭鉱で有名な夕張市内にある清水《しみず》沢《さわ》という駅から出ていた炭鉱鉄道で、宮脇がこの作品で乗車した昭和五十五（一九八〇）年十月当時は南大夕張までの二駅、七・六キロだけでしたが、昭和四十八年まではさらに十キロ先の大夕張炭山まで延びていました。残っていたこの路線も炭鉱の閉山に伴い、昭和六十二年に廃止されています。

ちなみに、始発駅の清水沢という駅はこの当時、国鉄夕張線の駅で、ＪＲにも石勝《せきしょう》線の支線として引き継がれていましたが、平成三十一（二〇一九）年三月末でこのＪＲ線が廃止されて、清水沢駅もなくなってしまいました。

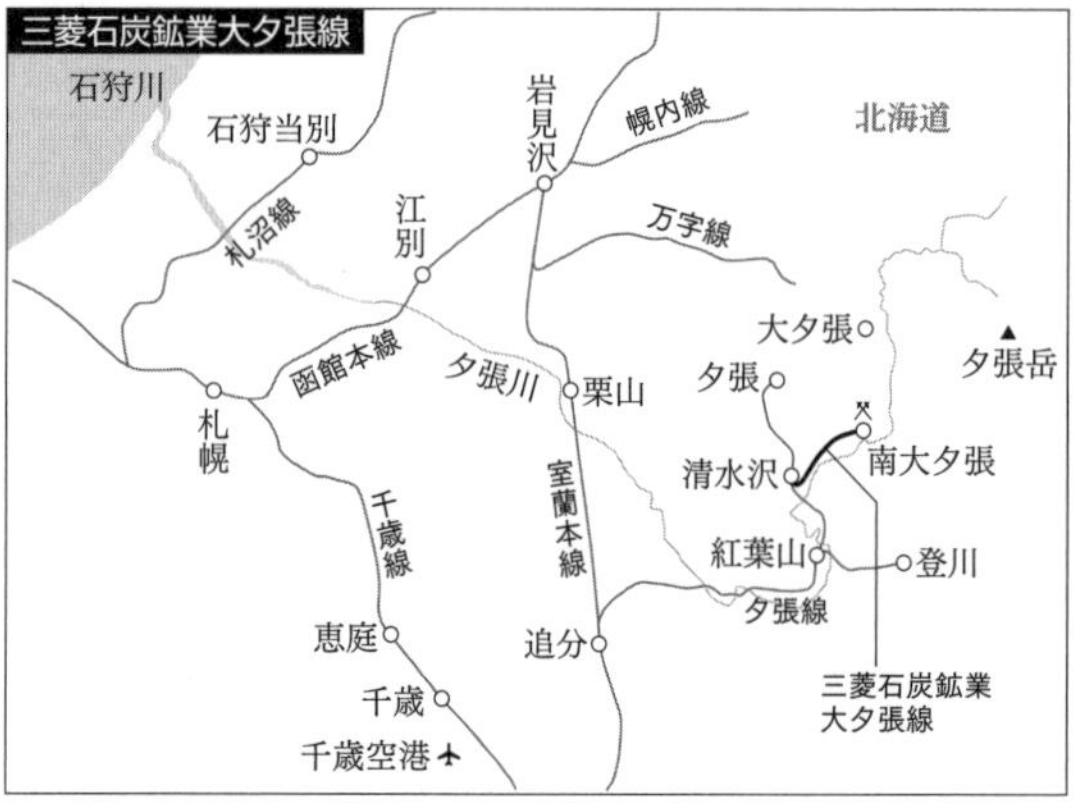

炭鉱鉄道という性格上、運行されていたのは貨物列車が中心で、宮脇の訪問当時は旅客列車は一日三往復だけでした。貨物列車中心ということは、機関車が貨車を引っ張るスタイルの列車がメインになるので、貨車と客車を一緒に連結して走らせることができるように、旅客列車はディーゼルカーではなく、動力を持たない客車でした。先ほど出てきた、同和鉱業片上鉄道線の「ブルー・トレイン」と同じですね。

この客車、外観が国鉄の客車にそっくりだということを宮脇は書いているのですが、単に外観や車内の様子が似ているというだけではない特徴を、同行の編集者とともに出発駅の清水沢で確認しています。

ホームにしゃがみこんで、珍しそうに台車を覗《のぞ》きこんでいた名取君が、

「車輪が三つありますね」

と言う。ふつうの台車は二軸であるが、これは三軸である。線路の継ぎ目を渡るとき、どんな音を響かせるのだろうかと思う。

発車時刻が近づくと、二両の車内は男女の高校生でほぼ満席になった。見慣れぬ客が二人いるのが気になるのか、チラチラとこちらを見ている。

定刻に発車すると、すぐ左に大きくカーブして国鉄と分れ、登り勾配にかかる。右窓に北炭発電所の要塞のような灰色の建物が見え、ダムがある。堰《せ》き止められた夕張川の本流が細長い人造湖となり、どす黒く濁っている。

列車は、樹間から黒い水を見下ろし、あるいは崖っぷちをかすめて、ゆっくり登る。七・六キロを二〇分かかって走るのだから、速度は遅い。

聞き慣れぬリズムが床下から伝わってくる。ふつうなら、タタン、タタンなのだが、タタタン、テタ、タンと鳴る。速度が遅いから、間延びしていて、ちょっとユーモラスな響きだが、「速度など問題ではない。線路があり、こうしてオレが毎日走っていることが大切なのだ。冬

に来てみろ」と言っているようにも聞える。（「三菱石炭鉱業大夕張線」より）

この三軸の台車というのは、昔の日本の鉄道で、特に上級クラスの客車に採用されていました。どのくらい昔かというと、ここに出てくる三菱石炭鉱業の三軸台車の客車というのは、なんと大正二（一九一三）年に、国鉄の前身である鉄道省のそのまた前身にあたる鉄道院の時代に製造されたものでした。そんな車両が、流れ流れてこの三菱石炭鉱業大夕張線にやってきて、昭和六十二（一九八七）年まで一般営業用の旅客車両として毎日走っていたわけです。

なぜ三軸の台車が上級クラスの客車向けだったかというと、車輪が左右についているのを車軸と言いますが、車軸が多いほうが走行中の振動による衝撃が分散されて乗り心地がよく、また、車軸一本あたりにかかる荷重も少なくなるので、線路への負担も少ない、というメリットがありました。ただ、車輪が増えれば当然コストがかかるので、一等車クラスの客車にだけ採用されていた、ということだそうです。

三軸の客車に乗ると、わかりやすい特徴は、宮脇も書いている通り、線路の継ぎ目の音が違うんですね。よく、電車が走る音を「ガタンゴトン、ガタンゴトン」というふうに形容するのは、線路の継ぎ目のところを、客車の車体の下についている台車が通過するときの音なのですが、客車の前後についている台車には通常、それぞれ二軸の車輪があるからです。客車後方の二軸で「ガタン」、その直後に次の客車の前の二軸で「ゴトン」。そこから少し間があって、また客車後方の二軸と次の客車の前方の二軸が線路の継ぎ目を「ガタン」「ゴトン」と続けて通過する、というふうに走るわけです。

ところが台車が三軸だと、一つの台車につき継ぎ目を通過する車輪が左右各三回ずつあります。ですから、ガタンゴトンを言いかえると、ガタタンゴトトン、ガタタンゴトトン、と聞こえることになります。この作品ではあまりに客車のスピードが遅いので、タタタン、テタ、タン、という音の表現になっていますが、原理は同じです。

これは台車の技術が現代ほど成熟していなかった時代の車両の構造にかかる話で、現代では二軸の台車が一般的です。日本では、この三菱石炭鉱業大夕張線の客車が、定期運行に使用される最後の三軸客車でした。私も日本国内では乗ったことがなく、中国で、満洲国時代に製造されて戦後は貴賓車として使用されていた展望客車に団体客として乗ったことがあるのですが、そのときが唯一の三軸客車の乗車体験でした。そのときの客車も、今は中国国内で博物館に展示されていて、乗ることはできません。

そういう、台車の構造と設計思想が今とは異なる技術レベルだった大正時代の客車が、昭和の最後まで現役の営業車両として残っていたのは、運行主体が国鉄ではなく、車両の更新が経営的にままならない地方私鉄だったからこそ、と言えるでしょう。貴重で珍しい鉄道車両を実際に体験できる、動く博物館状態とも言うべき地方私鉄が多かった背景には、営業成績が芳しくないから新しい車両をなかなか導入できず、やむなく古い車両を使っている、という事情があったことは否定できません。

仮に費用の余裕はあったとしても、利用者が少ない旅客列車の車両を新しくすることに経営的なメリットはほとんどない、という判断もあったと思われます。

ここまで紹介してきた各地の鉄道に関する記述でも、紀州鉄道では終点からの折返し列車に旅客が誰もいない、という場面がありました。国鉄、私鉄を問わず、地方のローカル線では、朝夕の通学時間帯だけは中学生や高校生で賑わうものの、それ以外の時間帯は閑散としているパターンが全国共通でよく見られます。だからこの当時の三菱石炭鉱業大夕張線も、そもそも朝と夕方しか旅客列車を走らせなかったわけです。

京阪神の通勤圏にあった古典的鉄道

そういうお客の少なさが、人口が少なくて過疎化が進むような地方の鉄道ではなく、比較的都市部に近い場所でも同じような現象が見られた例を、宮脇は取り上げています。兵庫県の別府鉄道です。温泉で有名な大分県の別府《べっぷ》と同じ字を書いて「べふ」と読みます。

この鉄道は、兵庫県の山陽本線の土山《つちやま》という駅から分岐していた路線で、西明石と加古川の中間地点あたりにある駅です。ですから、今はもちろん、当時も十分に阪神地区への通勤圏内でした。

そういう場所を走る列車がどんな様子だったか、路線の終点の別府港《べふこう》から土山へ向かう場面です。

別府港発12時16分の土山行混合列車の客は私たちのほかに二人であった。一人はカメラ二台と三脚を持った青年で、しきりに構内の写真を撮していたから鉄道ファンであろう。もう一人は中学一年生くらいの少年で、カメラは持たず、もの珍しそうにあたりを見回す風もなくポッンと坐っている。地元の子なのであろう。

「まともな客は少年一人だけですかな」

と私は明円君に言った。

かような列車ではあるが、ちゃんと車掌がいて、発車時刻になると、

「さ、行きまひょか」

と、ひとりごとのように言ってから、ピリピリと笛を鳴らした。（「同和鉱業片上鉄道線・別府鉄道」より）

宮脇俊三の一行が乗車したこの時期は昭和五十六年八月で、学校が夏休みに当たっている時期でした。だから、日中の電車に鉄道ファンらしいお客が乗っていたんですね。

それにしても、別府港から土山までの路線は、当時、一日四往復しか運行されていません。そのうちの一往復の利用客数がこういう状態でした。

しかも当時、この路線の運賃は、全線乗っても大人百三十円です。

これでどうやって採算を取っているのかというと、旅客列車以外に貨物列車があって、別府鉄道の本業はそっちでした。

そういう鉄道会社なので、旅客部門に投資する余裕も必要性もなかったのでしょう。このとき宮脇が乗車した列車は、混合列車と書いてありましたが、貨車二両と客車一両だけです。

この客車がまた独特で、車軸は先ほど一般的に二軸台車だと説明しましたが、この車両は一軸、つまり客車の前と後ろに車輪付きの軸がそれぞれ一つずつしかない客車でした。

しかも、客車の前と後ろの両方に展望デッキが付いていて、二両以上繋げて走ることが想定されていないような、あるいは連結していても走行中に車両と車両の間を行き来できない、明治時代の坊ちゃん列車のような客車でした。宮脇は「西部劇でお目にかかるような古典的な客車」と書いていますが、製造は大正十五（一九二六）年ということを、客車についていた銘板から読み取っています。京阪神の通勤圏内に、昭和五十六（一九八一）年にはこんな列車が現役で走っていたんですね。

さて、この古典客車が、少ないお客を乗せて出発しました。今なら神戸から山陽本線の各駅停車でも三十分で着いてしまう駅を目指した、私鉄の旅です。出発した宮脇たちを、車掌が展望デッキへ招いてくれたので、展望デッキに立ちながら流れる景色を眺めている場面が続きます。

私たちがデッキに立つと、カメラを持った青年、さらにはポツンと坐っていた少年もデッキにやってきた。狭いから四人で満員になった。

けれども危険はない。この列車の速度があまりにノロいからである。時速二五キロぐらいの時代を超越したスピードで走っている。これならば振り落とされたとしても怪我はないだろう。そのくせ、レールの継目ごとにゴツンゴツンという固い衝撃が靴の踵《かかと》から脳天へと突き抜ける。線路に沿う小径を歩いていた三人の子どもが、展望車に鈴なりになっている私たちを見て手を振る。私たちもそれに応えた。けれども、列車の速度が遅いので子供たちの姿はなかなか遠ざからない。線路が一直線なので建物の蔭にもかくれない。しかも、そのなかの一人は手を振りながら列車を追いかけてくるではないか。私はさすがに腕がくたびれ、手を振るのをやめた。姫見ると、隣にいる少年はいつまでも手を振りつづけている。私は、少年に素姓を訊ねた。姫路の近くに住んでいるのだが、鉄道が好きで、夏休みを利用してあちこち乗り回っているのです、と少年は答えた。

まともな客は、一人も乗っていないのであった。（「同和鉱業片上鉄道線・別府鉄道」より）

結局この路線でも、日中の旅客列車に地元の日常的なお客さんは一人も乗っていなかった、というわけです。神戸から三十分のところにこんな列車が走っていたというのは、今から考えるととても信じられないのですが、旅行ガイドブックなどでも全く紹介されることなく、一部の鉄道ファンにだけ知られていた近場の秘境みたいな路線が実在していたことを、鉄道ファン向けの専門誌以外で公開した、貴重な記録と言っていいでしょう。

この別府鉄道は昭和五十九年一月いっぱいで鉄道営業を廃止していますが、その理由も、当時の国鉄が貨物営業を縮小していって、山陽本線と接続している土山駅で貨物の受け渡しなどができなくなってしまったことが原因です。貨物が主体だった鉄道らしい最後でした。おまけのように運行していた旅客列車にお客さんが少ないのは仕方なかったのかな、という気もします。

こんなふうに、この『時刻表おくのほそ道』という作品は、今はもう廃止になってしまって乗れない貴重な路線の現役当時の記録となっている回がたくさん含まれています。廃止されそうな地方私鉄というのはどんな利用状況で運行されていたのか、ということも、この作品から窺い知ることができます。

ただ、それだけではなく、この別府鉄道もそうですが、地方私鉄にはそれぞれの会社ごとのオリジナリティー、独自性を感じやすい環境が多々ありました。全国で均一化された車両を用いていて、車両についての地域の独自性がなかった時代の国鉄と比較すると、各会社の独自性が車両の様子からより顕著に感じられたこと、そして、生涯の作品の傾向としては車両の形式とか構造とかにはあまり言及しようとしなかった宮脇作品の中では、車両の構造に関する観察点が頻繁に出てくる珍しい作品であることが、この作品の特徴と言ってよいでしょう。

車両の特徴や構造と言うと、一歩間違えれば鉄道ファンだけが楽し気に読んでしまいそうなマニアックな記事に陥りかねないものです。でも、宮脇俊三のペンにかかるとそういうことが起こらず、写真がなく文章だけでも、そして形式番号などが細かく記録されていなくても、読み物として安心して楽しめる、という点は、さすがだな、と感じさせます。

第五章　国内紀行⑤『失われた鉄道を求めて』

失われた鉄道を
求めて
宮脇俊三
「鉄道考古学」入門
路盤、切通し、橋脚、トンネル……
「廃線跡」はいいものである。
そこに佇むと、いまにもポッポッポッと
汽車が現れそうな気分がする。
文藝春秋刊　定価1200円

『失われた鉄道を求めて』平成元年、文藝春秋

廃止された路線を偲ぶ

この作品には全部で七つの旅が収録されているのですが、最初の沖縄訪問が昭和五十九（一九八四）年十一月で、それからしばらく間が空いています。三年ほど経った後、昭和六十三年から平成元（一九八九）年にかけて雑誌で廃線跡紀行の連載をして、それらが単行本にまとめられて平成元年九月に刊行されました。

七つの路線のうち六つは日本国内ですが、一つはサイパンとテニアンという、戦前は日本の委任統治領だったけれど現在は外国となっている場所へも足を運んでいます。

この作品は、動いている現役の列車に乗ることを目的としていません。どの回も、かつて列車が走っていたけれど今は廃止されてしまい、その痕跡だけが残っているかもしれない、と思って出かけている旅行です。廃線になった鉄道の跡を歩くというので、今では、「廃線跡歩き」という言い方がよく使われています。

廃線跡を歩いて昔の鉄道の様子を偲ぶという行為自体は、この作品以前にもありましたし、そういう内容をテーマにした著作物もあります。ですが、この『失われた鉄道を求めて』という作品がきっかけとなって、廃線跡歩きという、それまではどちらかと言うと主に鉄道ファンの間でのみ知られていた、鉄道旅行のちょっと変わった楽しみ方が、鉄道ファン以外の人たちにも広く知られていくようになっていったとも言われています。

今では、廃線跡をハイキングコースにしたり、森の中では現役当時の雰囲気をあえて保つために、廃止後の線路をそのまま残した状態でウォーキングを楽しんだりできる場所もあります。残された一部区間の線路を活用して、観光客が自分でこいで走るトロッコ車両などを走らせる、というようなことも行われています。

日本で広まったからかどうかはわかりませんが、昭和の時代には鉄道が軍事施設扱いされていて鉄道趣味を楽しむということが一般的でなかった台湾でも、最近は廃線跡を観光資源にするケースが出てきています。廃線跡歩きという鉄道趣味のスタイルが日本から輸出されたと言えるのかどうかはともかく、こういう鉄道旅行の楽しみ方が海外でもできるようになるというのは、この作品が出た当時は全く想像できませんでした。

一般に広まっていくだけでなく、鉄道ファン向けの廃線跡歩きに関する詳細な情報を記した書籍も、たくさん出るようになりました。今では、日本国内の廃線跡については、どの路線も相当に細かい分析がいろいろな本やインターネット上でなされています。鉄道ファン以外の層に廃線跡歩きという行為の楽しさが拡がっていくきっかけとなったという意味では、この作品の持つ意義は相当に大きなものと言えるでしょう。

宮脇が廃線跡にいつ頃から興味を持って、実際に訪ね歩くようになったのかは、プライベートな旅行まで含めるとよくわかりません。ただ、この作品の最初に出てくる沖縄県営鉄道という章では、沖縄での廃線跡紀行に出かける前に、すでに、「ときどき廃線跡を歩いていた」ということを宮脇自身が書いていますので、おそらくは国鉄全線完乗に夢中になっていた時期よりも後の、鉄道旅行を生業とするようになった時期くらいから、なのではないかと想像できます。

そういう廃線跡歩きをするようになった動機ですが、これは前章の『時刻表おくのほそ道』に通じるところがあります。その思いを語っている部分が、耶馬渓《やばけい》鉄道の回の冒頭にあります。

昔、といっても、さして古いことではなく、せいぜい戦前から昭和三〇年代までであるが、その当時の鉄道の「時刻表」を開くと、羨しさと懐しさとで、ヨダレや涙が出そうになる。全国津々浦々にローカル鉄道が小枝を伸ばし、咲き誇っているのだ。それが昭和三〇年代以降、続々と廃止されてしまった。

消えた鉄道には、もう乗れない。口惜しいことである。

昔は良かったとか、近ごろの若い者はとか言う気持は私にはない。昔より今の時代のほうが、ずっと良いし、現代の若者だって私たちの若い頃にくらべて格別のことはない。

ただ唯一、「時刻表」のバックナンバーを眺める時だけ、昔は良かったと思う。だが、古き良き時代は去ってしまった。（「耶馬渓鉄道」より）

『時刻表2万キロ』で本人が強調していた通り、宮脇は「時刻表に乗る」ための旅行を繰り返していました。そうなると、時刻表に時刻がきちんと載っているのは国鉄線なので、私鉄の乗車は後回しになりがちです。

そうやって国鉄優先の旅を繰り返しているうちに、自分が若い頃にはたくさんあった地方私鉄が、日本全国のクルマ社会化が進行していく中で、役割を終えてだんだん廃止されていってしまった。その魅力にもっと早く気づいていたら、それらの消えた路線に乗るチャンスは自分にもいくらでもあったのに、という、やや悔しさも混じった気持ちが後から湧いてきたがゆえに、せめてその痕跡を見てみようということを始めた、そういうところではないかと思われます。

ですから、この作品では、現地で廃線跡を訪ねた宮脇が、周囲の景色などを目の当たりにしながら、かつてそこに列車が走っていた様子や車窓に流れていたであろう景色を想像する、というシーンがよく出てきます。それこそが廃線跡歩きの楽しみ方そのものなのですが、そうした場面を、実際にいくつか取り上げてみたいと思います。

地図を広げながら鉄道跡を追う

まずは、大分県の耶馬渓鉄道の回を取り上げます。耶馬渓鉄道というのは、現在のＪＲ九州の日豊《にっぽう》本線の中津という駅、ここは福沢諭吉や、戦前の大横綱・双葉山の出身地として知られていますが、ここから内陸部へ分岐していた私鉄です。

ただ、耶馬渓鉄道という名前だったのは開業した大正時代から戦時中までで、終戦直前の昭和二十（一九四五）年四月に、ほかの近隣の私鉄と一緒に大分交通という会社へ統合されて、大分交通耶馬渓線という路線になります。

耶馬渓は、今でもそうですが戦前から景勝地として全国的に知られていたところで、この路線の終点には温泉もありました。ですから、現代ならばやり方次第で観光路線として生き残っていくこともできたのではないか、とそんなことも想像してしまいますが、昭和四十年代からマイカーが普及して、かつ並行する道路が整備されていったことで、乗客と貨物が減少して、昭和五十年に廃止されてしまいました。

そうした事情は耶馬渓鉄道に限らず、日本の地方ローカル線が昭和四十年代以降に廃止されていった経緯は、どこもだいたい似たようなものでした。つまり、昭和四十年代以降、マイカーが普及していったことと、道路が整備されてそのマイカーでの移動がスムーズになっていったことで、公共交通機関としての鉄道の存在意義は相対的に低下していきます。

ただ、国鉄のローカル線は文字通り国営なので、少々赤字だろうがすぐに廃止はされず、昭和五十年代から平成の初期まで残りました。一方、私鉄は経営状態が会社の存立に直結しますから、赤字が深刻になって経営を揺るがすようになった地方の中小私鉄は昭和四十年代から早々に廃止されていきました。耶馬渓鉄道もその一つということになります。

この線路跡は大半がサイクリングロードになっていて、宮脇と同行の編集者は、タクシーとレンタサイクルを併用しています。

自転車の場合は自分で運転しながら周囲を眺めることになりますが、タクシーに乗っているときの宮脇は、あらかじめ東京から持ってきた古い地図を手にしながら、線路跡の探索に集中します。古地図には廃止された路線の位置が示されているので、宮脇はその地図と現地の様子を見比べながら当時の光景を想像する、という作業に余念がありません。

そんな場面を拾ってみましょう。始発駅だった中津からだいたい十キロくらい先で、観光地として今も有名な青の洞門の手前の区間をタクシーで走っている場面です。

すでに耶馬渓に入って、山国川は狭まり、対岸は山が急傾斜で河原に落ちている。そこに横一文字にノミを入れたような刻印がある。耶馬渓鉄道の跡である。線路跡を走るのもよいが、こうして対岸から眺めるのもよい。崖っぷちに張りつくようにして走っていた列車の姿が偲ばれる。

しかも、いま走っている県道のあたりを宇島鉄道が通じていたはずである。宇島鉄道は、中津から日豊本線で小倉方面へ二つ目の宇島を起点として青の洞門の対岸に至る一七・〇キロの軽便鉄道で、昭和一一年に廃止となっている。私が持参した地図は昭和一八年発行なので、路線は消されており、ルートを知ることはできないが、県道と並行していたと思われる。

とすると、狭い谷を挟んで両側に二つの鉄道が並んで走っていたわけで、さぞかし壮観であったろうと察せられる。ライン川のケルン―マインツ間のような「絶景」が昭和一一年以前には見られたのである。前方には耶馬渓を形成する岩峰が聳《そび》えていて、背景も申し分がない。

ふたたび山国川を渡り、河岸段丘の上の集落を横切ると国道に合する。この地点が洞門駅の跡で、列車すれちがい用の長い複線が敷かれていたという。伐《き》り出した木材を積んだ貨車の列が眼に浮かぶ。その名残りをとどめているのであろう、国道に沿って広い空地があった。(「耶馬渓鉄道」より)

この場面は、耶馬渓鉄道の全線の中でも、とりわけ宮脇の楽しげな様子が伝わってくる区間です。この付近は非常に地勢が険しいのですが、地勢が険しい場所というのは一般的に景色がよいとされます。宮脇が思い浮かべているのは、そういう切り立った渓谷を「崖っぷちに張りつくようにして走っていた列車の姿が偲ばれる」とある通り、その列車に自分が乗っている場面ではなく、列車がこの絶景の中を走っている光景です。

ライン川のケルン―マインツの区間という比較対象の名前が出てきました。ドイツに、ライン川を挟んで両岸にそれぞれ鉄道が走っている区間があって、ここは車窓の眺めがよい名物区間として今も知られています。

その世界的な景勝区間をドイツの列車が並走するシーンを宮脇は知っているので、目の前に広がる耶馬渓にその場面を重ね合わせていたようです。その先の駅

の跡では、単にここに駅があったんだろう、というだけではなくて、そこに貨車が並んでいたんだろうとか、そういうことにも想像が及んでいて、気分が乗っていることが窺えます。

線路跡を歩いて往時を偲ぶ

今の場面はずっと自動車に乗って景色を眺めていましたが、ずっと車に乗っているだけではなく、途中で下車して実際に歩く場面もたくさんあります。

島根県を走っていた出雲鉄道の章から、そうした例を挙げてみましょう。出雲鉄道という路線は、現在のJR山陰本線出雲市駅から内陸へ分岐して、出雲須佐《いずもすさ》というところまでの十八・七キロを走っていた路線です。昭和七（一九三二）年に開業して、将来的には中国山地を越えて広島県側と直通させようという壮大な計画があったそうです。

ところが戦後、既存の区間自体が経営難に陥ります。昭和二十九年に一畑《いちばた》電気鉄道という、今も島根県を走っている私鉄に吸収合併されて、一畑電鉄立久恵《たちくえ》線という路線名になります。それから十年後の昭和三十九年七月に、集中豪雨の影響で路線の一部が流出してしまいました。この災害で運休したまま、結局復活することなくそのまま廃止されてしまったというのが、出雲鉄道の歴史です。

その出雲鉄道の跡を訪ねた宮脇一行は、最初は始発駅だった出雲市からタクシーに乗って、線路の跡を辿っていきます。

右に神戸川の堤防が近づいてきた。この川に出雲鉄道はぴったりと寄り添って出雲須佐まで走っていたのである。山間に入れば道路も鉄道も川に沿う。川がなかったなら内陸部の交通路は成立しない。川は舟運だけでなく交通の母である。川に寄り沿って山峡に分け入る道路や鉄道は母の手にひかれた子どものように見える。（「出雲鉄道」より）

「川は舟運だけでなく交通の母である」と書いた後に、その「川に寄り沿って山峡に分け入る道路や鉄道」を、「母の手にひかれた子どものように見える」という表現で景色を描写しているところは、宮脇らしい独特な感性と語り口がよく表れています。日本全国に似たような川沿いの鉄道シーンはたくさんあるはずですが、こういうふうに線路を擬人化した景観描写は他にあまり例を見ません。

出雲鉄道の線路跡を辿っていた宮脇一行は、この後、このタクシーを降りて歩き始めます。

車が停った。降りて前後を眺めると、何の変哲もない田舎道だが、緩やかな曲線を描きながら民家や丘の

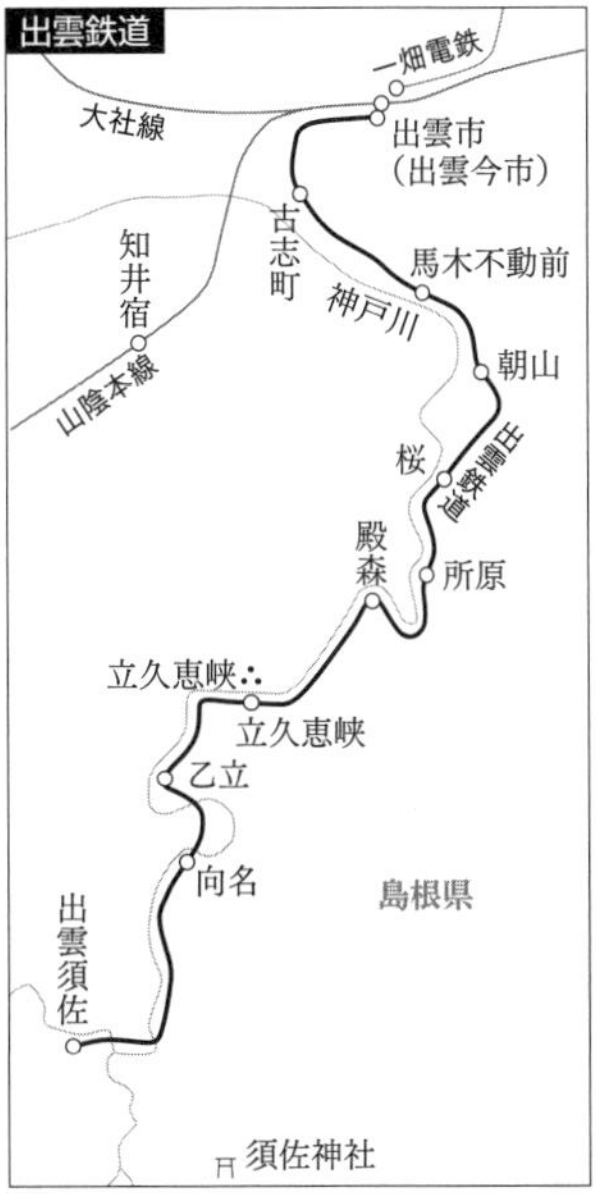

裾へと消えていくさまは鉄道跡ならではの曲線美である。

「ここに馬木不動前《まきふどうまえ》という駅がありましてね。この家が、たしか駅だったはずです」

指さされた家は二階建てで、一階は物置になっており、道に面した側は壁も戸もない開けっ広げで、軒だけが突き出している。これはプラットホームに似合う建物である。駅舎だったのだろう。

土台は他の家より一段高く、ホームの跡と思われたが、半ば崩れて定かでない。近寄って調べてみたいが、あいにく犬がいて猛然と吠えたてる。(「出雲鉄道」より)

ここでは、細い道が緩やかにカーブしている様子を「曲線美」と言っています。鉄道というのは自動車道路と違って直角には曲がれませんから、進路を曲げるときは線路が緩やかなカーブを描きます。それが、鉄道が廃止されて道路に転用されると、その道路も線路がないだけで形は同じですから、そのカーブが鉄道路線を想起させます。

それを宮脇は「曲線美」と形容したのです。「緩やかな曲線を描きながら民家や丘の裾へと消えていく」という景観描写からは、鉄道に詳しくなくても、何となくその光景が思い浮かぶのではないかと思いますが、いかがでしょうか。

ちなみにこの場面の最後にもありますが、宮脇はなぜか、一人旅でも編集者と一緒にいても、しょっちゅう犬に吠えられます。平成十二(二〇〇〇)年の『旅』宮脇俊三特集では、宮脇作品に犬が登場することが多いと指摘されているだけでなく、その解説文に、「宮脇さんと『犬』とは、犬猿以上の天敵同士である」と書かれています。

現役当時の乗車体験を持つ廃線区間へ

この出雲鉄道も、その前の耶馬渓鉄道も、廃止になる前に宮脇自身が実際の列車に乗ることができなかった路線です。もともと廃線跡歩きをしようと思い立った動機が、かつて乗ることができなかった路線をせめて跡地から偲ぼう、というものでしたから、この『失われた鉄道を求めて』に出てくる路線も、宮脇が現役時代を知らずに、その様子を線路跡から自由に空想する、というパターンが原則になっています。

ところが、草軽《くさかる》電鉄という、長野県と群馬県を結んでいた私鉄の跡を取り上げている回があるのですが、この路線だけは唯一、廃止前に宮脇が乗車した経験がありました。ですから、この回だけは、実際の現役当時の様子を自分自身で回想しながら今の様子を訪ねる、という内容になっています。

廃線跡歩きにはそういう楽しみ方もあって、これは健脚の若者よりもむしろ、人生経験が長い年長者に馴染みやすいスタイルです。地勢が険しく人里離れた廃線跡を歩くのは若者より難儀である点はハンデになりますが、その代わりに、自分自身の昔の乗車体験と重ね合わせて懐古できるのは、年長者ならではの〝特権〟とも言えます。

以下はその回想場面です。

当時の時刻表をひもとくと、一日六往復が運転されており、私が乗ったのは草津温泉発10時11分の列車だったような気がする。新軽井沢まで三時間〇九分も要している。

三九年も前のことなので記憶は曖昧だが、小さな電気機関車の上に異様に高いパンタグラフがあり、京都の祇園祭の鉾山車《ほこだし》の上にナポレオンの帽子をのせたような形をしていたこと、線路の幅が七六二ミリというトロッコ用なみの狭さで、レールが細く貧弱であったこと、木造の客車が音を立て軋《きし》んだことなどは覚えている。

そして、車窓の浅間山が右に見えたり左に移ったりし、それが幾度もくりかえされて、進んでいるのか戻っているのかわからないほどだったのも覚えている。線路がくねくねと曲りくねっていたからである。(「草軽電鉄」より)

この草軽電鉄というのは、文字通り、温泉で有名な草津温泉と軽井沢とを結ぶ全長五十五・五キロの路線でした。地方私鉄にしてはそこそこ長い距離と言っていいでしょう。線路の幅が七百六十二ミリしかない、いわゆる軽便鉄道です。現在のJR、当時の国鉄の在来線の線路の幅が千六十七ミリですから、だいたいその三分の二くらいです。したがって車両の大きさその他、鉄道施設のあらゆるものが国鉄よりも小さいミニ鉄道でした。

大正十五(一九二六)年に全線開通したのですが、終戦から間もない昭和二十四(一九四九)年九月に台風で一部区間が運行不能になってしまいます。そのまま、長野県側、つまり軽井沢側の区間は昭和三十五年に廃止されました。残りの草津温泉や万座《まんざ》温泉へ通じる区間も、昭和三十七年一月に廃止されています。すでに廃止から五十年以上が経過していますが、この作品で宮脇俊三が訪れたのが昭和六十三年ですから、訪問時でも廃止から二十六年、つまり四半世紀以上が経っています。

それほど長い時間が経っているのですが、宮脇自身が乗車したことがあるということもあって、また宮脇自身が軽井沢には若い時代から何度も行ったことがあるということで愛着もあるようで、草軽電鉄については、他の廃止路線とは違った思い入れがあったようです。また、高原や山岳地

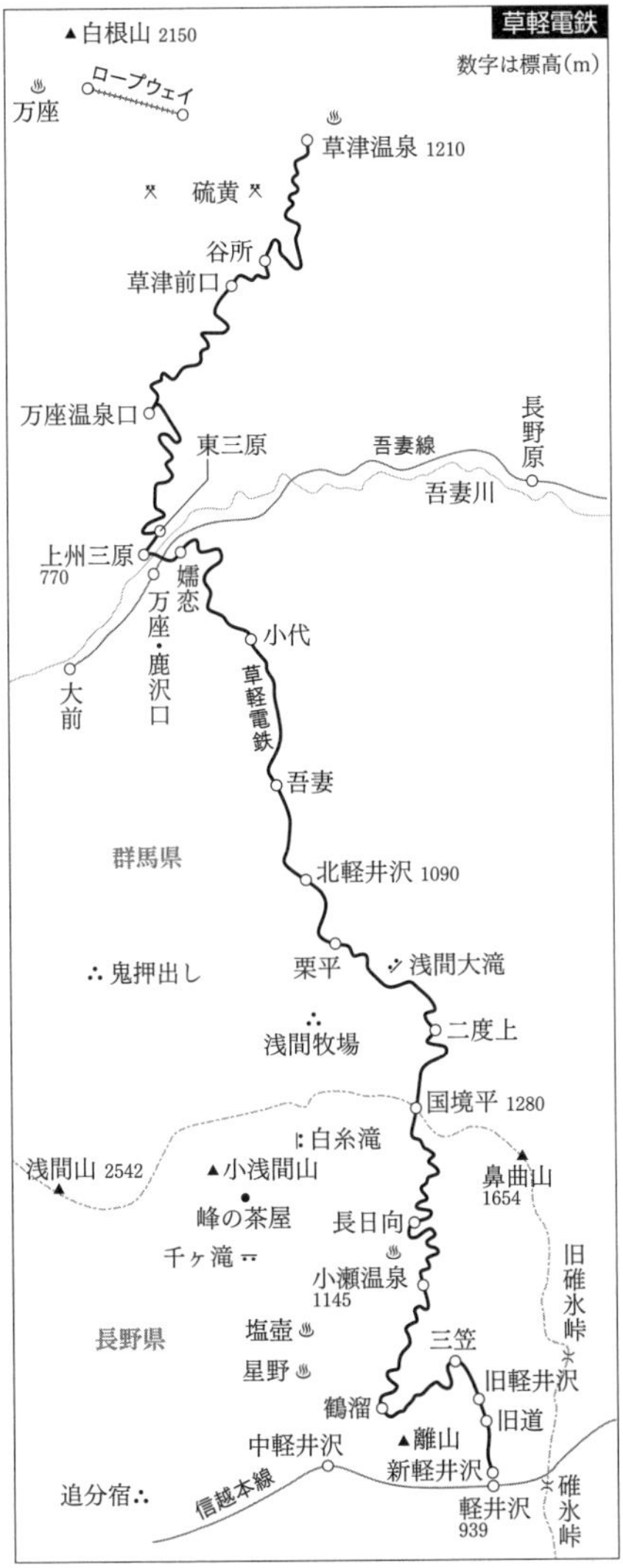

帯を走るのにトンネルが一つもない草軽電鉄は、流れる車窓の景色を楽しめる鉄道路線としての魅力が純粋に高かった、ということも影響していると思われます。

そういう山の中を走っていた路線だったので、かなり長い距離とはいえ、自動車で巡るのではなく、自転車や徒歩中心で線路跡を探し歩いています。

この「線路跡を探し歩く」という行動が、草軽電鉄の回ではとりわけ重要な意味を持っています。現役時代に乗った経験があるからと言って、線路跡の場所を正確に把握しているわけではありません。だから、鉄道が廃止される前の古い地図をわざわざ入手してきて、それを現在の地図に赤鉛筆でトレースしていって、あとは現地で小さな道らしき場所を探して、ここがかつて自分が乗った線路跡か、というふうに推定しながら歩いていくことになります。

ところが、宮脇一行はこのとき、山の中の細い道を辿るうちに、道を間違えて線路跡とは違う場所をえんえんと歩き続けてしまいます。草軽電鉄が山の中の路線だったせいか、平地にある耶馬渓鉄道や出雲鉄道と違って、線路跡そのものを見つけることが難しいのです。

それでも「ここが駅の跡に違いない」と憶測したりするのですが、結果的に後でそれらの想像が全部間違っていたことが判明する、というミスを演じています。そのミスの様子や誤解による誤った想像をしている場面が、包み隠さず描かれています。

で、そのミスが判明した翌日、どうしてもそのミスを挽回したくて、前日と同じ道をもう一度歩き直すという行動に出ています。地図を片手に、細い林道を歩いていく場面です。

きのうとおなじ道を歩きはじめる。

だが、どんなに探しても草軽電鉄の廃線跡への道は見つからない。きのう歩いた林道が一本あるのみだ。一本しかなければ、それを歩くしかない。

三〇分ばかりおなじ道を歩くと、流れを渡った地点で林道が二つに分れる。

きのうは右の道を上ったから、きょうは左の道を行く。この道は草軽電鉄の跡とは方角がちがう。しかも下り坂である。しかし、この道を選ばないかぎり、きのうとおなじ轍《てつ》を踏んでしまう。

道は渓谷に沿って下っている。この渓谷は地図に載っている。これに沿って下れば目指す国境平とはまったく別の方角へ行ってしまうことはたしかだ。

やれやれ、きょうもまた迷い道かと思ううちに右へ急角度に折れる林道に出会った。地図によれば、草軽電鉄の跡と思われる方角に向っている。その道の小瀬温泉側は地図に----と記入されているが、雑木と下草に被われて、人跡未踏の様相を呈している。

ここで、ようやく気がついた。小瀬温泉駅跡とこの地点との間は林道にされず、廃線後三八《ママ》年を経て自然に還《かえ》ってしまったのである。二万五千分の一の地図に----と記されているが、もはや道などないのだ。廃線跡は何らかの活用をされないかぎり、自然に回帰するのだろう。

(「草軽電鉄」より。なお、「廃線後三八年を経て」の部分は、平成四年刊行の文春文庫版では「廃線後二八年を経て」に修正されている)

この結論に至るのは、けっこう勇気がいると思います。ましてや、宮脇は国土地理院が発行している地形図を非常に信頼して、愛用しています。

このときも、観光客向けの旅行雑誌に載っているような地図ではなく、国土地理院発行の地形図を持っていたものと思われます。これに、別ルートで手に入れた昭和十二（一九三七）年版の地形図に載っている草軽電鉄の路線の場所を、赤鉛筆で自分でトレースして書き写して、それを廃線跡歩きに持参しています。当然、そこに載っている情報は基本的に正しく、たとえば工場とか学校とかの位置情報は変化の可能性がそれなりにあるとしても、少なくとも、道路がなくなってしまう、とまでは思っていなかったようです。

こういう、既存の情報と異なる現場の様子を自ら調査して初めて知る、という行為自体が、廃線跡歩きの楽しみの一つでもあります。何かに書かれていることを、その通りであると確認するためだけに行くのではなくて、事前の情報はあくまで参考であって、現場の様子は行ってみなければわからない、というほうが、探検の要素があって面白いですよね。

廃線跡歩きにはそういう探検の要素が少なからず含まれているのですが、この草軽電鉄のシーンは、その探検の要素が特に際立って感じられるところではないかと思います。

二十年前の痕跡がそのまま残っている

探検という要素がなぜ廃線跡歩きに出てくるかというと、サイクリングロードになって線路跡であることを自発的にアピールしているような廃線跡は別にして、たいていの場合、細長い鉄道路線の跡は有効な活用方法が少ないのが実情です。道路になっているのはまだいいほうで、道路にもならずに放置されるケースもたくさんあります。

道路などに転用されないと、廃止の翌日から人の手が入らないことになります。そうすると、雑草がやたらに生えたりはするけれど、基本的に廃止時点の状態が長年にわたって化石のように維持される、ということが少なくありません。

その実例が、福島県を走っていた、日本硫黄沼尻《ぬまじり》鉄道という路線の跡を訪ねたときの一場面として描かれています。この路線は大正二（一九一三）年に開業した軽便鉄道で、もとは安達太良《あだたら》山の近くで産出される硫黄を精錬して、それを国鉄線の接続駅まで貨物輸送するための鉄道でした。現在のJR東日本、磐越西《ばんえつさい》線の川桁《かわげた》という駅から分岐していた十五・六キロの短い路線です。

第二次世界大戦後、徐々に硫黄の産出量が減っていき、また貨物がトラック輸送に切り替わりつつあって、鉄道会社としての経営は厳しくなっていきました。磐梯《ばんだい》地区への観光客を呼び込もうとする施策もいろいろ行われましたが、昭和四十三（一九六八）年八月に会社が倒産して、列車の運行が停止され、そのまま廃止されてしまった、という路線です。

その磐越西線の川桁駅で下車して、沼尻鉄道の始発駅の様子を想像しながら駅構内を歩き回っている場面です。

11時05分、川桁に着いて下車。磐越西線には幾度となく乗り、健在だった頃の沼尻鉄道の小さな機関車や貨車、客車を見た記憶もあるが、川桁で下車するのははじめてである。

駅前には広場があり、それを囲むように倉庫などもあって往時の接続駅の賑わいを偲ばせたが、いまはひっそりと小雨に濡れている。

駅の構内は広く、沼尻鉄道と国鉄とが貨物を積み分けたあたりは、レールのないことを除けば昔のままのようだ。

そこへ行ってみる。路盤跡が黄味を帯びている。手にとると、臭いは失せているが硫黄に紛れもない。積みかえ作業の際にこぼれ落ちたのであろうが、廃線後二一年も経て、なお硫黄はその色をとどめているのである。（「日本硫黄沼尻鉄道」より）

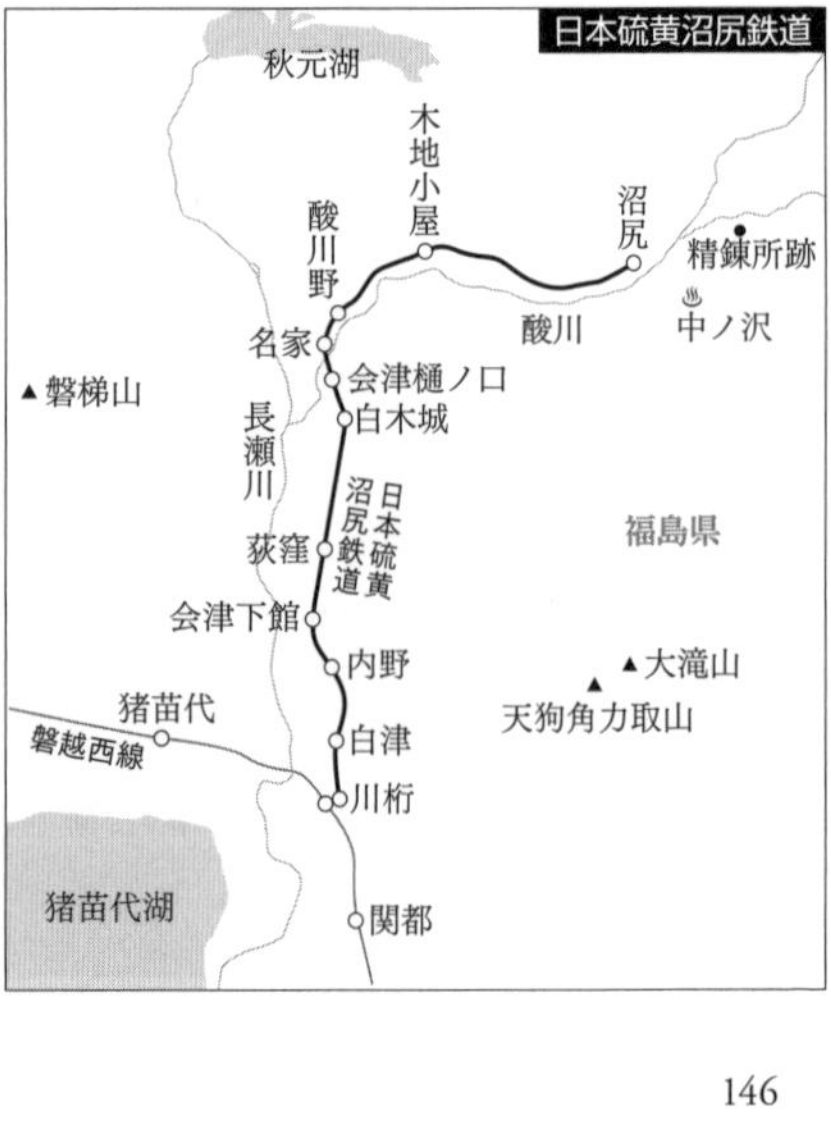

廃止されてから二十年以上経っているのに、線路跡に二十一年前の硫黄がそのまま残っているというのは、廃線跡ならではの現象だと思います。
この作品では他にも、線路跡の山道で二十年以上前に使用されていた線路のクギを拾ったりする場面もあります。ふつう、道に落ちているものが二十年以上その場にそのまま転がっているな

んて、考えられないですよね。

　廃線跡で、特に人里離れて廃止後は線路が剝がされた以外は放置されているような場所だと、そういうことが起こるのです。これも、廃線跡歩きの楽しみの一つと言えるでしょう。そして、そういう楽しみがあることを示したのが、この『失われた鉄道を求めて』でした。

　こんなふうに、宮脇は、時刻表と地図を持って、歴史上の存在になってしまったかつての鉄道路線を歩いて、この作品を書きました。歴史と言っても生まれる前の大昔ではなく、せいぜい十年から三十年くらい前の、比較的近い時代の話なのですが、自分自身の好きな領域である時刻表や地図の世界と、歴史観察という視点がうまく融合した内容であって、新しい分野を切り拓いた作品と言えるでしょう。

　宮脇はこの後、歴史紀行の世界へ本格的に足を踏み入れていきます。この『失われた鉄道を求めて』という作品は、そうした宮脇俊三の歴史紀行への端緒になった、という位置付けもできるのではないでしょうか。

第六章　海外紀行①『台湾鉄路千公里』

『台湾鉄路千公里』昭和55年、角川書店

『台湾鉄路千公里』昭和55年、角川書店

戒厳令時代の台湾鉄道に焦点

この作品は昭和五十五（一九八〇）年十二月に刊行されました。月刊誌で三ヵ月連載して、それがすぐに単行本になったもので、旅行時期は同年の六月です。八日間の台湾鉄道旅行の様子を月刊誌に書いた後、そのまま単行本になりました。宮脇にとってデビューから五つ目の作品で、初めての海外紀行です。「千公里」の公里《コンリー》とは、中国語でキロメートル、という意味です。

おそらく、今は誰がやっても、同じ旅行日程やスケジュールでの内容が単行本になることはないと思います。今や台湾の旅行情報はいろいろなところで見聞きできますし、二〇一八年に台湾を訪れた日本人は百九十七万人だそうです。そういう時代に、この作品と同じ日程で台湾を旅することは珍しくも何ともないからです。

でも、台湾の観光局が公表している統計によると、宮脇がこの旅に出かけた一九八〇年に台湾を訪れた日本人は六十五万四千人でした。二〇一八年の三分の一以下ですね。もちろん、当時は海外旅行に出かける日本人の総数がそもそも今より少なかったということもありますが、日本人が台湾を旅行するには事前にビザを取る必要があるなど、今のように、パスポートさえ持っていれば思い立ったらすぐ台湾へ、という時代ではありませんでした。

それに、一九八〇年当時の台湾は、戒厳令が施行されている中にありました。

戒厳令というのは、立法権や行政権や司法権といった、わかりやすく言うと三権分立の三権、三つの国家権力のうちの一部を、非常事態であることを理由に軍隊に委ねるという国家の命令です。日本でも、二・二六事件のときなど、戦前には戒厳令が敷かれたことが何度かありました。

その戒厳令が、台湾では第二次世界大戦が終わってまもない頃から一九八七年に解除されるまで三十八年間も続いていました。三十八年間の戒厳令というのは世界規模で見ても類例がない長さで、世界史上最長の戒厳令と言われています。

一九八〇年当時、台湾は、中国大陸との対立の中で、軍事的、政治的には緊張状態にありました。当時の台湾がそういう厳格な軍事体制下にあったことから、軍事施設扱いされる鉄道に焦点を当てた旅行というのはしにくい、という実情がありました。

今では台湾でも鉄道ファンがいて鉄道雑誌が発行されたり、鉄道旅行がブームになったりしています。漢字で「鉄路に迷う」と書いて「鉄路迷」というのが中国語で鉄道ファン、という意味だそうですが、そういう言葉が生まれたりしています。日本の鉄道が好きな台湾人もたくさんいて、近年は日本国内を鉄道で旅行すると、台湾の鉄道ファンもたくさん見かけます。

でも、一九八〇年当時は、そういうふうに鉄道を趣味の対象としたり鉄道に乗ること自体を旅行の目的とするような台湾人は、少なくとも表面化するほどたくさんはいなかったし、そういう社会でもありませんでした。軍事施設を趣味の対象とするには、いろいろと問題が多かったのでしょう。

そのことが窺える一節が、この作品の中にも登場します。台北《タイペイ》から南部の高雄《カオション》へ向かう特急列車の中で、宮脇が見た車窓の様子です。

つぎつぎに渡る鉄橋の片一方の端、長い鉄橋の場合は両端にコンクリートづくりの監視所があり、銃剣を構えた兵隊が立っている。

台湾は戦時体制下にある。二年間の徴兵制度があり、駅の待合室には色分けされた「防空疎散地図」が提示してある。

写真の撮影も、海岸線、港湾施設、発電所、鉄橋、トンネルの入口などでは厳禁されていて、うっかりカメラを向けると憲兵隊に連れて行かれるという。鉄道は軍事施設でもあるのだ。

（「空襲警報時旅客須知」より）

中学時代からの憧れだった阿里山鉄道

こんな感じで、当時の台湾は、鉄道旅行をのびのび自由に楽しむような環境では必ずしもなかった、というわけですが、台湾の鉄道の歴史において、鉄道創業以来ずっとそういう環境だった、というわけではありません。宮脇が最初の海外鉄道旅行の作品の舞台として、その当時でものびのびと鉄道取材ができたであろう西ヨーロッパなどではなく、あえて軍事政権下の台湾を選んだのは、そういう舞台としてふさわしい素材が台湾にはもともとある、ということを、人生経験上知っていたからです。

ご承知の通り、台湾は一八九五年、つまり明治二十八年から昭和二十（一九四五）年のポツダム宣言受諾後までのちょうど五十年間にわたって、日本の統治下にありました。台湾は日本国内だったのです。ですから、日本の本土から台湾への旅行は海外旅行ではなく国内旅行だったし、学校の地理の授業でも、台湾は日本国内の一部として扱われました。

で、宮脇はこの作品の中で書いているのですが、中学校の地理の先生が台湾のことを扱う授業の中で、自分が台湾旅行をしたときに乗車した阿里山《ありさん》鉄道という森林鉄道の話を楽し気にしてくれて、それ以来、台湾の阿里山鉄道に乗りたくて仕方なかったのだそうです。

阿里山《アーリーシャン》鉄道というのは、今も台湾中部を走っている山岳地の森林鉄道です。平野部の嘉義《チャーイー》という街から標高二千メートル以上の山間部まで登っていくのですが、途中に勾配を克服するために山の中をぐるぐると回るループ線が

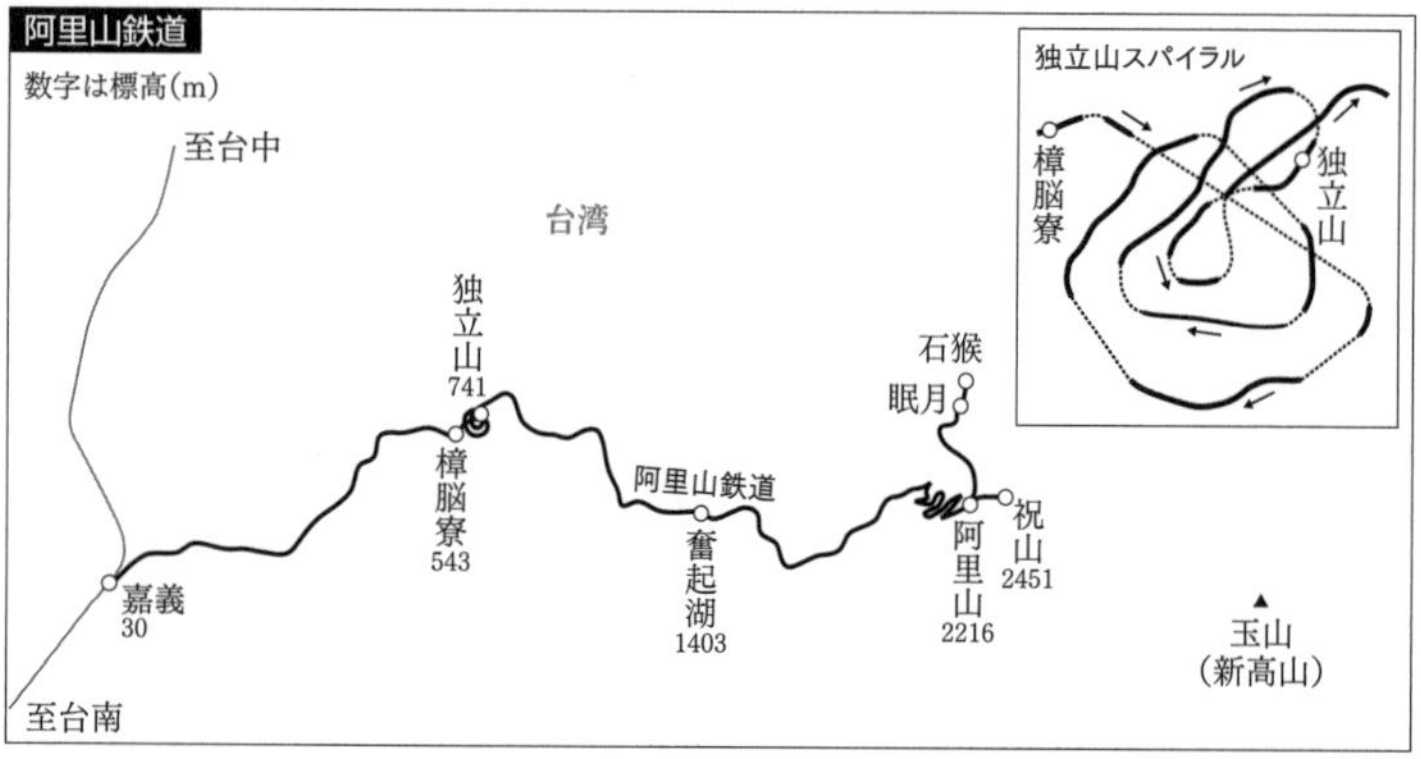

あったりして、車窓の眺めもよく、世界三大山岳鉄道の一つと言われています。

この「三大」と言うときの他の二つがどこなのか、はっきりした定義はないのですが、一般にはインドのダージリン・ヒマラヤン鉄道、それから南米のチリとアルゼンチンを結ぶアンデス鉄道を指す、と言われています。ただ、アンデス鉄道は今はもう運行していないので、実際にはダージリンとこの阿里山だけが今も乗車できる三大山岳鉄道ということになります。そういう、世界的に有名な山岳鉄道が、日本統治時代に作られて運行され、かつその当時から観光客も乗車していたのです。

宮脇は日本が台湾を領有していた昭和初期に学校教育を受けたので、中学校の地理の先生が、台湾の地理を日本のこととして詳しく教えてくれる機会がありました。この先生が旅行好きで、実際に台湾の阿里山鉄道に乗った体験談を授業中にしてくれたことで、台湾の鉄道に関心を抱きます。それが、四十年後に鉄道紀行作家としての最初の海外旅行の舞台に台湾を選んだことに繋がっていきました。

今だと台湾は世界地理の分野に入ることになるでしょうが、おそらく、中学校や高校の通常の地理の授業で、日本国内と同じ程度の詳しさで台湾を扱うケースというのはほとんどないでしょう。例外として、最近は日本の中学や高校で修学旅行先に台湾を選ぶケースが増えていて、その事前学習として台湾のことを調べたりする中学生や高校生は少なくないようですが。

いずれにしても、宮脇はこの台湾に関する地理の授業とその先生の体験談が大きなきっかけとなって、台湾が戒厳令の中にあった時代であっても、鉄道での台湾旅行を強く望んでいました。

そうして、四十年の歳月を経て、念願かなって阿里山鉄道の始発駅である嘉義に来て、阿里山鉄道のチケットを購入しようとする場面が出てきます。

窓枠に名刺ほどの小さな紙片が貼《は》ってあって、

「今明日往阿里山住座全售完」

と書いてある。「售」が「売」であることは知っていたから意味はわかる。阿里山行の座席指定券は今明日とも全部売切れ、なのだ。

しかも、この紙切れ、きのう今日に貼ったものではないらしい。黄色く変色し、端が千切れている。何日も前、あるいは何か月も前から貼りっぱなしにちがいない。あいにく今日とあすは売切れだが、あさってならある、というのではなさそうだ。あしたになっても、あさってになっても、つねに「今明日全售完」なのだろう。なんというい加減な窓口であることか。阿里山鉄道とは、こんなつれない鉄道だったのか。（「阿里山森林鉄路」より）

この後、宮脇は切符売場の前にいるおばさんから、ホテルの予約と列車の切符が一緒になったセット券を購入して、無事に阿里山へ向かう列車に乗車します。

暑かった車内に、ひんやりとした山の涼気が入ってきた。碓氷峠を登って軽井沢に近づいたときの、あの感触で爽《さわ》やかだが、いつのまにか阿里山の方角から黒い雲が頭上に迫ってきていた。

列車はループ線に入ったらしい。しかし日本にある六つのループ線のように左へ左へ、あるいは右へ右へと単純に回るのではなく、トンネルに入ったり出たりしながら右へ左へカーブする。

独立山のループ線は一般には「スパイラル線」と呼ばれている。たしかに「輪」ではなくて「らせん」だから、このほうが正しいが、グニャグニャで複雑な螺旋《らせん》らしい。

左側の窓際の客がちょっとざわめいた。私のいる窓側はうす暗い山肌しか見えないが、左窓は眺望が開けている。立ち上って通路の人たちの肩越しに覗くと、樟脳寮駅が下に見えている。まずひと回りしたのであろう。おそらく、あと二回見えるはずだ。そのたびにあの駅が低く遠く小さくなってゆくにちがいない。(「阿里山森林鉄路」より)

この列車から見える景色の様子は、この宮脇が乗車した昭和五十五年当時からさらに四十年以上が経った今でも、あるいはそれより四十年前に宮脇が中学校の地理の先生から乗車体験談を聞いたときと、ほとんど変わりがないと思われます。車両が新しくなっているだけで、窓の外に展開する山岳地帯の絶景は昔も今もほとんど変わりがないので、宮脇が見た景色、あるいは彼の中学校の先生が見た景色とほぼ同じ光景を、今でも車内から見ることができるでしょう。

筆談で若い駅員に「立席特急券」を問う

この作品は宮脇俊三初の海外紀行ということで、国内紀行にはない海外旅行ならではの場面がいくつも登場します。それは、別に宮脇作品に限ったことでなく、海外旅行へ行けば誰でも多かれ少なかれ経験することですが、言葉の問題ですね。現地の人と意思疎通が十分にできないということが、鉄道旅行の各場面においても起こります。

しかも、旅行先は中国語を公用語とする台湾です。日本人が中国語圏を旅行するときに必ず直面するのが、「この漢字表記はどういう意味なのか？」という、漢字を通した筆談や文字の解釈に関する話題です。中国語が達者な日本人は別として、一般の日本人旅行者は、中国語圏を旅行すると漢字の表記で意味を何となく理解したり、ときには誤解したりします。

特にこの作品は鉄道紀行なので、鉄道に関する日本語が台湾の鉄道現場でどのように表現されているのか、という場面が発生します。それは、中国語に長《た》けている日本人でもよく知らないこともあるでしょうし、純粋に中国語がよくわからない多くの日本人にとっては、へえーっと感じることもあるかと思います。

蘇澳《スーアオ》という、台湾の東海岸沿いの駅があります。宮脇が、この駅で日本の急行列車に相当する列車に乗ろうとしたら、指定席券が全て売り切れていて買えなかった、というエピソードが出てきます。

こういう場合に、日本では、全席指定の特急列車について「立席特急券」という制度があります。これは「立席」と書いてリッセキと読むのが正確なのですが、JRの現場の職員の方でも、今では立《た》ち席《せき》と呼ぶ方が増えています。とにかく、指定席がなくても立ったまま乗るための特急券というのが存在します。

そういうことを宮脇は知っているので、台湾で目的の列車に指定席がもうないから切符を売ってくれない、という対応に遭遇したとき、日本の立席特急券制度を思い出した宮脇は、若い窓口の職員に、「立席券ならあるの？」と、日本語で尋ねています。そのときの、台湾鉄道の職員の反応が書かれている部分です。

> 「立席」という私の日本語は若い駅員には通じなかった。例によって私は紙片に「立席」と書いた。駅員はそれを見て首を振った。意味がわからないのか、立席の制度がないのか、立席券も売切れなのか、首の振り方では見分けがつかない。（「嶮路北廻線」より）

というわけで、駅員には、日本の立席特急券という鉄道用語を理解してもらえませんでした。そこで宮脇は、いったんは意思疎通を諦めて駅を出ます。駅前で長距離バスの時刻を確認して、鉄道以外の交通手段での移動を考えるのですが、結局うまい具合に目的地へ行ける他の交通手段がありません。

仕方なく宮脇は、もう一度同じ駅の同じ若い職員がいる窓口へ行って、日本の立席特急券に類する台湾の乗車券制度がないのか、意思疎通を試みます。

私は駅に戻り、こんどは紙片に絵をかいた。座席に坐っている人と立っている人との図である。立っている人物に注目がいくよう、矢印をつけておいた。

若い駅員は笑い、二度、三度うなずくと、棚から「莒光号《チューグァン》」の乗車券を抜きとり、裏面に小さなゴム印を捺《お》した。見ると、

「自願無座」

とある。無座とは正しい表現である。日本では立席と称するが、立席という席がありうるだろうか、と私は思った。(「嶮路北廻線」より)

この「無座」という制度などは、一般の台湾旅行ガイドブックを読んでも、なかなか出てこないでしょう。ましてや一九八〇年、つまり昭和五十五年当時の日本で発行されていた台湾旅行ガ

イドブックには、こんな細かい鉄道利用方法はほとんど解説されていませんでした。

ところで、このとき宮脇は、蘇澳駅の窓口の若い駅員に、日本語で立席特急券について質問しています。これは、今の感覚でふつうに考えたら、「外国で何でそんなことしているのか」と考える方も多いのではないかと思います。

でも、この当時は、台湾でこういうふうに日本語で現地の人に声をかけて物を尋ねるという日本人旅行者の旅行のスタイルは、珍しいものではありませんでした。最初に説明した通り、台湾は昭和二十年まで半世紀にわたって日本の領土だったため、この昭和五十五年当時で言えば、四十歳代後半くらいから上の年齢層の台湾人は、人によって差はあっても日本語がわかる人が多かったのです。

当時の台湾の旅行ガイドブックには、「概ね〇歳以上の人には日本語が通じるから、旅先で言葉が通じなくて困ることは少ない」というようなことがはっきり書かれていました。かつて日本の統治下に置かれていた地域で、戦後の日本人旅行者がそんな軽々しく日本語を使って、現地の人に対して失礼に当たらないのか、という考えを持つ人もいるかもしれません。実は私自身も、台湾に実際に行く前はそう考えていました。

でも、台湾では、日本統治時代に日本語で教育を受けた年輩の方々は、非常に丁寧で、そして堂々と日本語を使ってきます。これは私も実際に経験がありますし、逆に日本人とわかるとあちらのほうからきれいな日本語で話しかけてきて親切にされた、というようなこともありました。

戦前まで日本の統治下にあって戦後は外国になった地域のどこへ行ってもそうなる、とは言いませんし、逆に、台湾で日本語を使っていて現地の人から不快に思われることなど絶対にない、とまでは言いません。ただ、私の乏しい経験でも、台湾では年輩の方が日本語で日本人旅行者に話しかけてきて親切にしてくれるという体験に恵まれやすいように思います。

宮脇もこの作品の中で、台湾の鉄道員との間で実際にそういう体験をしています。台湾南部の高雄からさらに南下したところにあるローカル支線・東港《トンガン》線の終点、東港駅に着いて、鎮安《ジェンアン》行の折返し列車を待っているときの場面です。

なお、前半に「帽子をかぶっていないので」駅員の職位がわからない、という記述がありますが、これは、日本の国鉄では制帽に金色の筋が二本入っていれば駅長、金筋一本なら助役、という決まりがあり、制帽で職制が見分けられたことを指しています。

折り返しの鎮安行は12時53分で、だいぶ待ち時間がある。バナナ畑のほかには見るものとてないので、駅のベンチに坐っていると、運転手と車掌、それから駅員が一人、私のまわりに集ってきた。駅員は帽子をかぶっていないので駅長か助役か平職員なのかわからなかったが、三人とも年配者である。日本の国鉄と同様、台湾鉄路局の人員構成も高齢化しているらしい。念のため駅員に齢《とし》を訊《たず》ねてみると五三歳だという。私とおなじである。

こもごもに三人が日本語で話しかけてくる。一人が話し終るのを待ち切れずに、もう一人が話しだす。駅員は、日本語を話すのは三五年ぶりだと、鎮安の助役とおなじことを言った。みんな自分の日本語が通じるかどうか試しているのだろうか。それとも、私たちがバーで軍歌を唱うようなものなのだろうか。

日本語でしゃべり合っていると、顔も体つきも似ているから、みんな日本人に見えてくる。だから、この人たちは、なにかの手違いで台湾に置き去りにされたのではないか、といった錯覚におちいる。この錯覚は台湾に来ていらい、何かにつけて私につきまとっている。（「屏東線、東港線」より）

後半で「鎮安の助役とおなじことを言った」とあるのは、この駅まで来るときに乗った列車の始発駅が鎮安という駅なのですが、その鎮安でもほとんど同じ体験をしていたことを指していますす。この記述のわずか一時間ほど前です。


電柱の下に立って、真上の太陽を手をかざして仰いだり、足元を眺めたりしていると、中年の大柄な助役が近づいてきた。この人も影がない。

「日本人デスカ」

と、助役が訊ねる。そうだと答えると、

「日本、戦争マケテカラ、私、日本語ハナシタコトアリマセン。私ノ日本語、ワカリマスカ」

と言う。

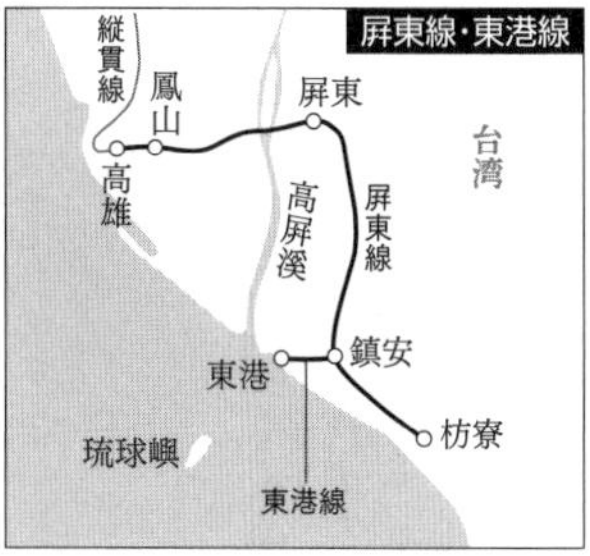

よくわかると答えると、助役は堰《せき》を切ったように小学校時代の思い出を懐かしそうに語りはじめた。(「屏東線、東港線」より)

宮脇の旅から四十年以上が経ち、さすがに当時に比べると、日本語で教育を受けた世代はもう九十歳前後になりますから、台湾でこういう体験ができる機会はだんだん減っています。少なくとも、鉄道現場に日本語世代がいた時代はとっくに過ぎ去ってしまいました。

その点で本作品は、台湾旅行の記録自体が今よりずっと少なかった一九八〇年という時期において、台湾を日本人旅行者が通訳もなく一人で旅をするとこういう体験があちこちでできたということを示す、貴重な記録になっています。

鉄道よりも人のインパクト

こうして、台湾の国鉄全線を乗車しようとした宮脇は、無事に目的を達成したわけですが、印象に残っているのはそれらの鉄道旅行ではなく、一期一会で接した台湾人ばかりだった、と帰り際に回想しています。

深いかかわりをもった人は一人もいないが、幾人もの顔が重なり合って思い出されてくる。汽車に乗りに来たはずなのに、浮かんでくるのは、なぜか人びとの顔ばかりであった。

空港から台北へ向うバスのなかで「ヒトリカ」と私に声をかけ、スズランのような植物で腋《わき》の下を撫《な》でてみせた女性は、きょうも、あのバスで行ったり来たりしているのだろうか。呉鳳旅社のあの人のよい案内人兼主人は、いまごろ阿里山駅前に並ぶ出迎え人の列のうしろで情なさそうに立っているのだろうか。台糖公司線北港《ペイカン》駅の待合室で、紫色の唾《つば》を吐きながら「今上天皇マダ生キテルカ」と私に訊ね、小学校時代の先生を懐かしんで「シナ事変デ戦死シタ。イイ先生ダッタ」と、しんみり言った線香屋のおっさんは、今日も店を空けて、あのガランとした待合室にやって来たのだろうか。基隆《チーロン》駅の精算所にいた大学教授のような駅員は、あいかわらず手書きの乗越し券を発行しているのだろうか。

終着駅に着いてすぐ引返す私を不思議がりながらも、手を振って見送ってくれた東勢《トンシー》の駅員たち、私が「再見《ツァイチェン》」と言うと、それを訂正するかのように「再会《ツァイホエイ》」と答えて私に謎《なぞ》をかけた平溪《ピンチー》線の賢そうな青年、そして、台東で私をスクーターに乗せてくれた女の子、妙なシナをつくる洋洲大飯店《ヤンチョウホテル》のおばさん。まだまだいる。その人たちの顔がつぎつぎに現れてくる。（「終章」より）

ここに出てくる回想人物について全て紹介することはできないので、それは本作品を読んでいただくとして、一週間程度の一人旅でこれほど多くの人との出会いが印象深いものとなるのは珍しいことだと思います。それゆえに、やや感傷的な雰囲気になっているのは宮脇の文章らしからぬところですが、台湾への旅行は、今でもこのときの宮脇と同じように、現地で接する台湾の人たちへの好印象が抱かれやすいようで、昔も今もその点は台湾旅行の魅力として変わらないんだなあ、と改めて感じさせてくれます。

それが、台湾が日本人旅行者に人気のある海外旅行先の有力な一つとなっていることの要因であることは間違いありません。そして、そういう魅力が台湾旅行にあるということを、今から四十年前、まだ台湾が戒厳令下にあった時期にすでに宮脇俊三が気づいていたことを、この作品は示していると言えるでしょう。

第七章　海外紀行②『インド鉄道紀行』

『インド鉄道紀行』平成2年、角川書店

旅行前に先入観を植え付けない旅行記

この作品は、平成二（一九九〇）年四月に刊行されました。インドを旅行したのは昭和六十三（一九八八）年十一月から十二月にかけての冬の時期と、平成元年六月の二回で、それらの旅行を平成元年四月からほぼ一年かけて毎月月刊誌に連載して、それをまとめて単行本として出版されました。宮脇の海外紀行作品としては、前回扱った台湾、その後シベリア鉄道、東南アジア諸国、アフリカや南米など遠隔の国々の鉄道紀行、中国、そしてこのインドが六作品目にあたります。

宮脇はこの作品の冒頭で、インドは国内の鉄道総延長距離が六万キロ以上で当時世界第四位、一位がアメリカ、以下ソ連、カナダと続いていましたが、そういう鉄道大国だったので、長らく温存していた、とっておきの国だった、と書いています。それだけ、インドの鉄道紀行に取り組む意気込みは強かったようです。

これは、それまでの海外鉄道紀行の作品と比べると明らかで、たとえばフィリピンの鉄道などは、「しばらく海外旅行をしていないから近場のフィリピンでも行ってくるか」、みたいな軽い気持ちで思い立った、と冒頭で書いています。それに比べれば、インドの鉄道旅行はずいぶん力が入っていたようです。

ただ、魅力がある旅行先であるだけに、その分、インドの紀行文というのは書くのが難しいということを、宮脇は自覚していたようです。

宮脇俊三の長女の灯子さんが書かれた『父・宮脇俊三への旅』というエッセイ集に、こんなエピソードが載っています。灯子さんは平成九年の年末にインドへ個人旅行をすることになったときに、すでにこの『インド鉄道紀行』を七年前に書いていた父、つまり宮脇俊三に、インド旅行の予備知識を得るためのよい本はないか、という相談をしました。そのとき、宮脇は次のように回答したそうです。

父は、旅の注意等は『地球の歩き方』で充分間に合うと前置きしたうえで、

「でも、どうしても何か読みたいのだったら、沢木耕太郎氏の『深夜特急』と、妹尾河童氏の『河童が覗いたインド』、それからパパの『インド鉄道紀行』、この三冊を読みなさい」

と言った。

父によると、インドについて書かれた旅行記は、他の国のものに比べて数が多い。それは、一度旅行すると、つい何かを書きたくなってしまう国だからだろうが、内容は「インドに行って人生観が変った」もしくは「旅の苦労話および苦労自慢」に終始しているものが多く、旅行に出かける際のガイドとして役に立たないどころか、先入観を植え付けられて邪魔にさえなる。

だが、この三冊はそういう本ではないから、旅行前に読むのに適している、とのことだった。（宮脇灯子『父・宮脇俊三への旅』平成十八年、グラフ社）

このエピソードからは、紀行文は淡々と書くべき、という宮脇の基本的な信念が素直に伝わってきます。自分が書いた『インド鉄道紀行』は、そこにあるような、人生観がどうとか苦労自慢とは無縁で、手垢《てあか》のついたインド漫遊記とは違うのだ、という強い自信も感じることができます。

そういう宮脇が実際にインドへ出かけるときの場面が、この作品の冒頭に描かれています。

午前九時半に家を出る。娘たちはウルサイ父親の二週間不在を喜んでいるが、女房は心配そうである。

じつは、少しく女房を脅《おど》かしてきた。

「インドは、これまでの外国旅行とはちがう。行ったきり帰ってこれないかもしれない」

「インドで死ぬなら本望だ。インドには〝永遠〟がある」

などと言ってきたのである。

本当に、当初の心意気では、そのくらいのインド旅行をしようと思っていた。（「エア・インディア」より）

インドはこれまでの外国とは違うとか、インドには永遠があるとか、奥様に対しては、灯子さんに後年話している内容とは正反対で、思いっきり先入観を植え付けるような言い方をしていますね。これは宮脇流のユーモアなんだろうと思いますが、実際にこの後展開される本文は淡々とした鉄道旅行に徹しているだけに、この出発時の奥様とのやり取りが余計に際立って見えます。ただ、作品としてどう表現するかはともかく、一旅行者としての素直な心情はこの通りだったのだろうと読むこともできます。作家として淡々とした紀行文を志向していたことは間違いないのですが、一人の旅行者としてはふつうの旅行者と変わらず、とっておきだったインドへの旅行に気分が高ぶっていたし、インドには他の国とは違う何かがあるかもしれない、という旅行前の期待も人並みに持っていただろうことが、この一節から窺えます。

博識の源が垣間見える場面

さて、宮脇俊三の紀行作品というのは、サラリーマン時代の旅行を描いた『時刻表2万キロ』を除くと、作家としての旅行形態が大きく三つに分けられます。一つ目は一人旅、二つ目は編集者が同行する旅、三つ目は現地のガイドや通訳が同行する旅です。この三つ目は海外旅行特有なのですが、常にそういう旅行ではなく、たとえば前の章で扱った『台湾鉄路千公里』は一人旅です。

で、この『インド鉄道紀行』では、全行程の半分くらいを日本の出版社の編集者が同行しています。そして、現地ではポールさんというインド人の日本語通訳兼ガイドが同行しています。ただ、ニューデリーからボンベイ、現在のムンバイへの夜行列車に乗ったときは、個室寝台のチケットが一人分しか確保できず、通訳のポールさんは別の車両に乗車していて、宮脇一人が現地のインド人と同じ寝台個室で一晩過ごしています。ですから、この作品では、一人旅、編集者付き、ガイド付きという宮脇の旅の三つのパターンの全てが出てくることになっています。

このガイド兼通訳付きの旅というスタイルについては、宮脇はこの作品の中で、「ガイド付きの大名旅行はしたくない」と言っています。ただその一方で、「ガイドがいれば一人合点の誤解から免れることができる」とも言っていて、ガイドが付くことの長所までは否定していません。

実際、宮脇はガイドのポールさんに、旅行中、いろいろな質問を投げかけているし、車内で乗り合わせた現地の人にも通訳を介して物を尋ねたりしています。そうすると、もともと宮脇は地理や歴史には詳しいので、いろいろな質問からいろいろな答えやエピソードを引き出して、文中で紹介しています。この『インド鉄道紀行』に限らないのですが、宮脇作品には、単なる鉄道旅行の体験談だけでなく、文中に、鉄道とは関係ない雑学や教養の類に属する話題がさりげなく織り込まれていることがしばしばあります。

そうした博識の源が、中央公論社の名編集者としての経験に基づくと思われる非常にわかりやすい実例を、この作品に見ることができます。宮脇一行がニューデリーの市街地で食堂に入ったときの場面です。

車は雑沓するオールドデリーを脱出してニューデリーに入り、コンノート・プレイスの一角で停った。上等な店に案内するつもりらしい。

「この店、おいしいよ」と言うポール氏に従って店内に入る。冷房で涼しいが、暗い。食事をしている人たちの頭は見えるが、どこに空席があるのかわからないほどだ。インドの神話か伝承かに、

「悪い子が太陽になりました。良い子が月になりました」

というのがあると、何かの本で読んだことがある。灼熱の太陽で日射病の死者が出るインドでは太陽の光の届かない空間が尊重されているのだろうか。(「ニューデリーとデリー」より)

食堂の中が暗いのは太陽の光を避けようとするインドの習慣によるもので、インドでは「悪い子が太陽になって、良い子が月になる」という神話だか伝承だかがあると聞いたことがあるから、そういう考え方の影響だろうか、と推測しています。そして、その話を「何かの本で読んだことがある」と書いています。

で、本人はこの話のネタ元を「何かの本」と言っているだけで具体名を挙げていないのですが、実はこのネタ元と思われる本があるのです。昭和三十七(一九六二)年に刊行された、会田雄次の『アーロン収容所』という新書です。会田雄次は京都大学で西洋史を教えていた歴史学者ですが、第二次世界大戦中は陸軍に召集されてビルマ戦線に送られました。この本は、そこで終戦を迎えてイギリス軍の捕虜収容所にいたときの経験を書いたものです。刊行当時ベストセラーにな

り、イギリスで英訳版も出版されて世界中で読まれました。この作品の中で、著者の会田雄次が、イギリス軍に所属しているインド兵用の英語教科書を見つけて、そこに載っているインド民話集の一部を紹介しているシーンです。三人の子供がいるお母さんが、それぞれの子供たちの性格を評してほめたり叱ったりする場面です。

インド兵用の英語教科書があった。それにインド民話集がのっているのを読んでいると、つぎのようなのが見つかった。

「三人の子を持っているお母さんがいましたが、あるときこの子らに、持っていたくるみを全部分けてやってこう言いました。『お母さんは全部分けてしまった。お母さんにも分けて下さいな』一番上の子は、腐ったくるみを一つポンと放り出しました。二番目の子は、一番小さいのを選り出してよこしました。三番目の子が、大きく美しいのを選んでお母さんに手渡しました。『お前は悪い子だ』お母さんは一番目の子に言いました。『お前は人がみな最も憎むものになるだろう』『お前は情ない子だ』と二番目の子にいいました。『お前は永久に休むことができないものになるだろう』三番目の子をお母さんは抱きあげて言いました。『お前はよい子だ。みんなから愛され慕われるものになるだろう』……

三番目の子はこうしてお月様になったのです。お月様は、地上に美と平和をおくり、詩とうたでみんなから好かれています。二番目の子は風になりました。いつも不安で、泣き、わめき、怒っています」

一番目の一番悪い子は何になったのだろうか。読者はここで推察していただきたい。当てられるであろうか。

「一番目の子は太陽になったのです。炎熱と破壊と飢えをもたらす太陽になったのです」（会田雄次『アーロン収容所』昭和三十七年、中公新書）

宮脇がニューデリーの暗い食堂へ入ったときに「何かの本で読んだことがある」と言って紹介したインドの神話ないし伝承というのは、ここの部分から取ったとみて、ほぼ間違いありません。この『アーロン収容所』の担当編集者こそは、中央公論社在職時代の宮脇だったからです。

中公新書の『アーロン収容所』そのものには、まえがきやあとがきも含めて編集者である宮脇の名前は一切出てこないのですが、昭和五十四年に角川文庫から出された会田雄次による『回想アーロン収容所』の巻末解説を宮脇が担当しており、その中で、中央公論社の編集者だった自身が『アーロン収容所』の原稿執筆を依頼したこと、完成した原稿のスケールの大きさに感嘆したことなどを記しています。この解説文は、『乗る旅・読む旅』（平成十三年、ＪＴＢ）に収録されているので、宮脇作品の一つとして比較的容易に読むことができます。

ここから先は推測でしかないのですが、第一章で紹介した年譜をここまで自作できるほど昔のことを詳しく回想できる宮脇が、自分がかつて編集者として担当してベストセラーになった作品の内容を、果たして忘れてしまうだろうかというと、実はちゃんと覚えていたのではないか、と私は想像しています。ただ、この作品では文章の流れなどを考えて、出典をあえてきちんと明記せずに「何かの本」という形でぼやかしたのではないか、というわけです。
『アーロン収容所』は、宮脇が創刊メンバーとして中公新書を立ち上げたときに最初に刊行した作品の一つです。それがベストセラーになったということで、宮脇の編集者としてのキャリアの中でもかなり大きな位置を占めることは間違いないし、本人の思い入れも相当大きかったはずです。にもかかわらず、その存在をあえてぼかしているところは、逆に、編集者時代の自分の仕事の成果に対する自信というか、「いちいち自分でアピールするまでもない」という余裕というか、そんなものさえ感じます。

宮脇作品のいろんな場面でさりげなく出てくる鉄道以外の雑学や豆知識のような記述は、こうした、宮脇が編集者時代に携わっていた作品を通して吸収されていたものがたくさんあるのではないかと思われます。このインドの神話のシーンは、そのネタ元がわりと特定しやすい珍しい例と言えるでしょう。

車窓を通してインドを見る

さて、インドに来た宮脇は、早速ニューデリーから、当時のインド最高級列車である「ラジダーニ・エクスプレス」という特急列車に乗ります。チケットを入手した宮脇一行は、出発時刻よりかなり早くニューデリー駅にやってきました。

「ラジダーニ特急」とは「首都特急」の意で、ニューデリー―ハウラー（カルカッタの対岸）間、ニューデリー―ボンベイ間の二本ある。毎日の運転ではなく、二本とも週に五往復となっている。とにかくこれがインドの最高級列車で、AC（エアコン）のある客車のみで編成されている。

もちろん全車指定なのだが、発車五〇分前というのに早くも客が集っている。私は「ラジダーニ」の編成をじっくり眺めたいと思って早目に来たのだが、指定券を持った客たちが発車五〇分も前にホームで待機するのは理解に苦しむ。なぜかとポール氏に訊ねる。

「早く乗らないと荷物を置く場所がなくなるね」

まもなくホームの掲示板に紙片が幾枚も貼り出された。乗客名簿と指定席番号の掲示である。ワッと人だかりがする。入学試験の合格発表のようだ。（『ラジダーニ特急〔カルカッタ行〕』より）

宮脇たちは指定席券を持っているのですが、それでも、乗客名簿が駅のホームに貼り出されて、乗客全員の名前や性別、年齢などが掲示されるという、インドの鉄道ならではの場面が描かれています。世界各地の鉄道を経験していた宮脇にとっても、珍しい光景だったのでしょう。

私もインドでこのラジダーニ特急に乗ったことがあるのですが、この駅のホームの掲示というのは不思議な制度で、事前に予約をして切符も持っていたにもかかわらず、乗車前にホームで掲示板を見て自分の名前を探しました。予約していた部屋や座席が変わったりすることもあるので、それが最終的に確定するのがこの駅の掲示の意味のようでした。日本では列車に乗るときに個人名が特定されたりはしないのですが、ラジダーニ特急の予約システムは、飛行機のそれに近い感じがしました。

それから、荷物を置く場所を確保するために、指定席券を持っていても早めに駅へ行くというのは、発展途上国ではしばしば見られる現象です。長距離列車には、荷物の量がとても多い乗客をよく見かけます。鉄道は飛行機と違って乗客一人当たりの荷物の量には制限がないからです。

それに、いわゆる宅配便のようなサービスがあまり行われない国だと、旅客列車で人が荷物を持てるだけ持っていくというのは荷物の輸送方法として確実性が高い、という事情もあります。

この後、宮脇一行は最高級のラジダーニ特急だけでなく、いろいろなタイプの列車に乗っています。ちょっと格下の急行列車に乗ったときは、途中駅で少しばかり停車するたびにホームに立ち降りて駅の様子を観察しています。これは、荷物をガイドや編集者が見張っていたからこそできることで、同行者を伴う旅のスタイルの長所をよく活用しています。

次に挙げるのはその一シーンです。カルカッタ、現在のコルカタからニューデリーへ向かうエアコン付き急行列車の二等座席車に乗って、インド中部のダーンバドという駅に停車したときの様子です。

13時25分、ダーンバドに停車。時刻表より五分早い。

急行が停車するような駅はどこでもそうだが、構内が広い。とくにダーンバドは広く、無数の線路が並び、貨物列車が何本も停っている。蒸気機関車も煙を上げている。

鉄道の施設、車両は世界各国似たようなもので、住宅などにくらべると国による違いは少ない。その点、鉄道ファンとしては物足りないのだが、やはりインドで、線路の上を白い牛が悠々と歩いている。

ダーンバドでは一〇分停車するので、ホームに降りてみる。大きな荷物を傍《かたわ》らにしてしゃがむ人、ソールを頭からかぶって寝ころぶ人、「バクシーシ」と痩せ細った手をさし出す子ども……。

パントリー車の窓に向って、幼児を抱いたサリー姿の女性が皿をさしのべている。どうなるかと見ていると、窓から何やら皿に投げこまれた。件《くだん》の女性は、それが当然といった風で、毅然として受けとっている。

各客車の屋根の上には人が登っている。給水係である。二日前の夜にも見たが、電気の架線と並んで給水管が設けられており、そこから各客車へ水を注ぎ入れているのだ。電流の通っている架線に触れたらと、ハラハラする。

物売りたちが声高に行き交うホームには売店のほかに屋台もあって、鉄鍋に油を煮えたぎらせて肉ダンゴのようなものを揚げている。これは人気があって、人だかりがしている。（「エア

コン急行」より）

このシーンも典型的と言っていいのですが、宮脇作品の景観描写では、事実関係を淡々と列挙していることに徹していて、その光景に対する主観的な評価や意見の類は抑制的であるのが特徴です。

このシーンで言うと、「電流の通っている架線」が張られている客車の屋根の上に給水係がいるので、もしも架線に触れたら感電して大変なことになる、と思って「ハラハラする」という心境を記していますが、それ以外は、どういう人がいるとか、サリー姿の女性の一連のしぐさとか、屋台の周りにどういう人が集まっていてその屋台は何を作っているとか、そういう事実だけを並べていて、そこに主観的な形容詞を用いようとしません。

こうした主観的表現を避ける景観描写は、宮脇の作品に共通した特徴です。著者の主観を強要されない読者は、かえって、その場面を主体的に想像して、筆者が抱いた絶景への好印象に近い感想を抱きやすくなるということを、宮脇はよく知っていたのではないかと思われます。鉄道紀行に欠かせない景観描写におけるこうした宮脇流のスタイルは、他の作品でも徹底的に貫かれています。

同乗のインド人乗客とのトラブル

次に、乗車中の車内の様子に目を移してみましょう。

車内では当然、一緒に乗っているインド人乗客たちとの交流の場が多く発生します。それは、本当に言葉を交わして一期一会のコミュニケーションを楽しんでいる場合もあるのですが、直接自分と言葉を交わすわけではないけれど、他のインド人乗客の様子を観察している場面もたくさん見られます。

その中から、ボンベイからバンガロールへ向かう「ウディヤン急行」という急行の一等寝台車に乗車した場面を選んでみました。

この寝台車は四人用の個室なのですが、その個室に行ってみると、すでに乗客三名が座っています。先客の三人は、一人が一人旅の男性で、あとの二人は足にギプスを付けた男性とその奥さん、ということで、しかも全員が終点のバンガロールまで行くとのことでした。そうなると、ガイドと一緒の宮脇がここに入ると五名になってしまうので、一席少なくなるんですね。でも、その状態で、四人部屋に五人座ったまま、列車は出発します。

そうしてしばらくしたら、車掌が乗客名簿を持って検札に来ます。このとき、最後に入ってきた宮脇とガイドの二人が、「自分たちは旅行者とガイドで一体だから、別々にしないでくれ」と

車掌に頼み込みます。

そうしたら、先にいた三人のうち、足が悪い男性の奥さんが車掌に猛然と意見を主張しだします。


するど、脚のわるい人の奥さんが、ポール氏の発言を否定するかのような素振りと強い語調で、車掌にまくしたてはじめた。これまで、優しく夫をいたわり、紅茶をガブ飲みする私に微笑していた、もの静かな女性の突然の変容にびっくりする。

夫人は、ギプスをはめた夫の脚を指さしながら早口でしゃべる。英語であることはわかるが、私の語学力と彼女の訛《なま》りやブロークンとが相まって、何を言っているのか、わからない。だが、私たちを睨みつけるような視線に、彼女の言わんとすることが理解できた。――この人たちは、ただの二人連れじゃないですか。私たちは離ればなれになるわけにいかないのだ。この人の脚を見ろ、と訴えているらしい。

当然である。ポール氏も、「ユー、アー、トルーリイ」と肯いている。車掌も肯定を示す軽い首の横振りで応じている。

これで主張は通ったはずだが、彼女の弁舌は止まらずに高揚し、日本の社会党委員長のような口調になった。

それが数分つづいた。何をしゃべっているのかわかりにくいのだが、要求のくりかえしが大半のように思われた。車掌は辛抱づよく黙って聞いている。

けっきょく、一人者の丸顔のおっさんが移されることになった。はじめから判っていたような結果で、激論するほどではなかった。

だが、おっさんは不満そうに私たち一同を見回し、車掌に長々と文句を言い、渋々と腰を上げる。（「ウディヤン急行」より）

こんなやり取りをあらかじめ予測して目にすることは不可能で、実際の旅行中にたまたま遭遇したためにこうして作品の中で再現されるわけですが、この場面以外にも、けっこう激しい口論の場面があります。でも、口論した当人たちは、それが終わるとケロッとしていることが多いんですね。そういう場面は、若干緊張しつつも、読ませる場面になっていると思います。

ちなみに、ここの中盤あたりに出てくる「彼女の弁舌は止まらずに高揚し、日本の社会党委員長のような口調になった」というのは、昭和六十一（一九八六）年から平成三（一九九一）年まで日本社会党（現・社民党）の委員長の座にあった土井たか子のイメージをほのめかしていると思われます。野党第一党だった社会党が「おたかさんブーム」「マドンナ旋風」と呼ばれる勢いで党勢を拡張させたのは平成元年七月の参議院議員選挙の頃で、ちょうどこのインド紀行を月刊誌に連載していた時期にあたります。

父親が戦前の衆議院議員であった宮脇の作品には、現実の政治問題に関する自身の主義・主張がほとんど出てきません。ほぼ唯一と言っていいのは、『古代史紀行』（平成二年、講談社）で天安門事件（一九八九年六月）のわずか一ヵ月前に混乱を深めつつあった中国を訪れた際に、「こうしたことを述べるのは私の柄ではないが、今回の学生の蜂起には共感する。声援を送りたい」と記したときくらいです。

そういう宮脇が、社会党の絶好調期に、その最高指導者のパフォーマンスを皮肉っていると読者に受け止められそうな書き方をしているのは、非常に珍しい例と言えます。

と同時に、こういう時事的な比喩は、時の経過とともに面白味が薄れていくことを示しているとも言えます。この原稿が最初に読まれた当時は、弁舌が止まらずに高揚する女性の様子を「日本の社会党委員長」と表現すれば、読者のほぼ誰もが土井たか子を思い浮かべたのかもしれません。

でも、日本社会党という政党の名が消えて久しく、土井たか子という政治家も亡くなっている令和の世にこの記述を初めて読むと、皮肉であることすら新しい読者には伝わらないでしょう。文章に対するストイックなこだわりを持っていた宮脇がどういう意図でこの表現を単行本にも残したのか、ちょっと推測し難いところです。

絶景を眺めるためなら視線も気にせず

車内トラブルはあらかじめ予測できないのに対して、あらかじめ予測できるのが車窓からの眺めです。宮脇は、北インドのカルカ・シムラ鉄道という山岳地帯の軽便鉄道に乗りに行っています。

この路線は、二〇〇八年にユネスコの世界遺産に登録されています。鉄道路線そのものが世界遺産になった例というのは、オーストリアのゼメリング鉄道とスイスとイタリアに跨るレーティッシュ鉄道のほかに、このインドの山岳鉄道群が登録されているだけです。その登録より二十年も前に現地を訪れている宮脇は、鉄道の魅力と稀少性について、確かな先見の明があったと言ってよいでしょう。

このカルカ・シムラ鉄道というのは、台湾の阿里山鉄道と同じように、起点から終点までの標高差が非常に大きい山岳鉄道です。始発のカルカが六百五十三メートル、終点のシムラは二千七十五メートルで、全長は九十六キロもあります。標高差が大きいことや、これも阿里山鉄道と同じく、植民地統治時代に建設されました。こちらはイギリスが一九〇三年に開業させていて、すでに開業から百年以上が経過しています。

山の中を行きつ戻りつカーブしながら走るので、車窓は絶景が連続しますから、乗っているだけでもとても楽しいということを、宮脇は事前の予備知識としてすでに持っていました。そのうえで、現地で列車に乗って、こんな感じで窓の外を見ています。

上るにつれて眺望が開けてくる。

来し方を眺めれば、ガンガーの平原は雲烟《うんえん》のかなたに霞み、鉄路の匍《は》う谷の対岸は段々畑で、高みに民家が点在している。

その眺めは雄大で、感動をさえ覚えるが、首が痛くてたまらない。一等車の座席は窓を背にしているので、窓外を眺めるには不向きである。

むしろドアの横に立ったほうが首は楽なのだが、天井も窓も低いので、腰をかがめねばならない。

それで、子どもがやるように、シートの上に両膝をついて外を眺めることにした。大人には似つかわしくない姿勢だが、この鉄道に乗りたくて、またインドにやって来たのだ。（「シムラ軽便鉄道」より）

「大人には似つかわしくない姿勢だが」と言っていますが、大人でそういう恰好で外を見ている人というのを、私は見たことがありません。この場面を想像するだけでも、かなりおかしな様子と言えます。

この路線は当時すでに観光路線だったので、外国人旅行者が窓の外を眺めるためにどんな座り方をしようが、周りの人はさほど意に介さなかったのではないかと想像します。「この鉄道に乗りたくて、またインドにやって来たのだ」という最後の一節には、車窓を楽しむためなら子供みたいな恰好で外を見ることくらい気にしない、という強い意思が感じられます。

こんなふうにインドの鉄道旅行を徹底的に堪能した様子が、この単行本には全編にわたって収められています。宮脇作品はこの後もいくつか海外紀行を出しているのですが、一つの国でこんなにバラエティーに富んだいろいろな列車を体験している宮脇作品は、この『インド鉄道紀行』以降にはありません。二回に分けたインド旅行のうち、最初に訪問したときは作家デビューからちょうど十年目だったのですが、紀行作家としての評価も定着して、最も安定して充実していた時期の作品、という評価ができるのではないでしょうか。

第八章　小説『殺意の風景』

『殺意の風景』昭和60年、新潮社

直木賞候補となった唯一のミステリー小説

この作品は、昭和六十（一九八五）年四月に刊行されました。長編ミステリーではなく短編のミステリー作品が雑誌で連載され、それを単行本にまとめたものです。連載時期は昭和五十八年春から五十九年の冬まで約二年間です。デビューから七年目にして初めて世に出したミステリー小説であり、これ以降、小説を単行本として出版することはなかったので、これが宮脇俊三生涯唯一の小説集ということになります。

宮脇はデビュー以来、鉄道紀行作品、つまりノンフィクションに分類される作品を書き続けていました。ですから、ミステリーであるかどうかを問わず、ノンフィクションの分野の外に飛び出したこの作品は、本人にとっても大きなチャレンジであったと思われます。

そういうチャレンジをしようとした動機については、この単行本のあとがきで、いろんな旅をしてきて数々の風景や自然に接するうちに、その自然への怖れを感じるようになり、その怖れを短編ミステリーの形で表現してみたいと考えた、と書いています。

風景というのは、きれいだな、とか大したことなくて退屈だな、とか感じながら見ていることが多いのですが、地勢が険しい場所をボーッとしながらジッと眺めていると、何だかその険しい風景の中へ吸い込まれていきそうな錯覚に陥る、という経験がある人は多いのではないかと思います。高い場所だと見ているだけで落ちそうになって怖くなるとか、それに近い感覚ですね。そうした風景が持つ奥深さというか怖さというか、そういうものを短編ミステリーの形で表現してみようとした、というのがこの作品を手掛けた動機だったようです。

その理由付けが作品を通して徹底されていたことの一例が、登場人物の命名法です。この作品では、ミステリーに登場する人物の名前が全部ローマ字一文字だけで示されているのです。Aさん、B君というふうに登場順に機械的にローマ字を割り振っています。

本人はこういう命名法について、あとがきの中で、「この作品の主人公は風景であって人ではないから」と書いているのですが、風景の奥深さを読者に伝えたいからといって、登場人物の名前を無機質なローマ字の順序に置き換えてしまうというのはかなり大胆です。私はこれまで取り上げてきた宮脇作品に共通する特徴として、より淡々とした文章を目指していた、というふうに指摘してきましたが、ここもその表れと言っていいのではないかと思います。

しかも、「殺意の風景」というちょっと怖そうなタイトルを意識しながらこの本を読むと拍子抜け、というか意外な感じがするのですが、この作品では、ちょっとおかしな言い方ですが、登場人物は誰も死にません。ミステリー小説だと、いわゆる「○○殺人事件」というような事件名が付きそうな内容なのかな、という想像をしてしまうのですが、そうではない。それでいて、話はどれも薄気味悪くて不気味な感じがするんですね。

そういう不思議な短編作品が集められたこの作品は、「風景を主役とした、血は一滴も流れないのに読後に不気味な余韻と恐怖感を残す前例のないミステリー」として、昭和六十年上半期の第九十三回直木賞の最終候補作品になっています。ただ、残念ながらあと一歩というところで、受賞には至りませんでした。このときの受賞作は、平成二十六（二〇一四）年に亡くなった作詞家でもある山口洋子の『演歌の虫』『老梅』という二つの作品でした。

このときの『殺意の風景』に対する、当時の直木賞選考委員の評価を読むと、評価が分かれていることがわかります。山口洋子さんと同時受賞でいいのでは、と推薦した委員もいれば、次の作品に期待したい、という評価の人もいます。辛口の評価をしているのは井上ひさしと渡辺淳一ですね。

正直、私にはどれが直木賞としてふさわしいのか、といった高いレベルの評価の高低は、どういうふうにつけられるのかよくわかりません。万人が文句なしに絶賛する作品というのはなかなか難しいだろうと思いますし、だからこそ、そういう評価を受けた作品が最終選考を勝ち抜いて受賞作になるのだろうとは思います。

そういう作品同士の評価の競争になったとき、ミステリー小説が万人受けする、誰からも文句なしに高評価を得る、というのは至難の業なのかもしれません。

ただ、これは宮脇作品が、というより推理小説全体について言えることとして、直木賞はもともと、大衆小説という分野に属する作品を対象にしているのですが、推理小説やSF小説は受賞しにくい、実際の受賞作品を見てもその傾向が顕著である、という指摘はよくなされます。選考

第93回直木三十五賞『殺意の風景』選評（『オール讀物』昭和60年10月号より）

選考委員	選評（『殺意の風景』関連部分のみ抜粋）
池波正太郎	宮脇俊三〔殺意の風景〕については、深く心にとどめておいて、つぎの作品を読みたいとおもう。
山口　瞳	宮脇俊三さんの『殺意の風景』は、二十枚そこそこで推理サスペンス小説を書くという面白い試みであって、しかも最後に被害者と加害者が逆転する。 一篇一篇に日本全国各地の美しいが怖い風景が紹介される。そのうえ、地質学の楽しさもふんだんに盛りこんである。 こんなに欲ばった読者サービスの濃厚な小説を初めて読んだが、それがイヤミにならずに成功しているのだから驚かざるをえない。 第一話では小生意気な若い女の鈍感さが見事にシャープに描かれているし、第二話では優秀な部下を持ってしまった上司の不安、薄気味の悪さが、潮の干満と時刻表のトリックでもって、じわじわっと迫ってくる。 この短篇集は名作として長く私の記憶に残るにちがいない。格調の高さと奥の深さに脱帽！
村上　元三	『殺意の風景』は、風景の描写に力を入れすぎたという評もあったが、そのために一連の十八篇の作品が生きている、と思う。これまでの直木賞候補作品に類を見ない、気の利いた構成のうまい短篇がそろっていた。殺人シーンなど描かないで、ぞくっとおそろしさを感じさせる作品もあった。これを山口氏にあわせて直木賞に推したが、僅かな差で破れて残念だった。
井上ひさし	『殺意の風景』は、犯罪と風景とを一枚のタブローにしてしまおうという果敢な実験集である。がしかしここでは興味ある結果が出ている。ささやかな犯罪を扱ったものが見事な出来栄えを示しているのに、大がかりなものはほとんど失敗しているのである。集の中の「豪雪地帯の巻」の結末の二行など、終生忘れないだろうと思うぐらい見事な切れ味なのだが。
水上　勉	宮脇俊三さんの『殺意の風景』は不思議な世界で、魅かれた。だが、さてこれが授賞となると、小説らしい小説を求めている立場がくずれてくる。べつの文学賞になっていいものだろう。
五木　寛之	宮脇俊三さんの『殺意の風景』は、作者が「あとがき」でのべておられるように、風景や地形が主人公として描かれたユニークな小品群だ。民俗学的な興味もおぼえる松之山温泉を舞台にした短篇がことに好評だった。私は高千穂峡の話に惹かれた。ロアルド・ダールを思わせる作風を維持して多作することの難しさを判った上で、次に書かれる作品を大いに期待したい。
黒岩　重吾	今回は前回に較べると読み応えのある作品が揃っていた。その中でとくに惹かれたのは山口洋子氏の『老梅』と宮脇俊三氏の『殺意の風景』であった。 （中略）『殺意の風景』は、色々な読み方が出来る優れた掌篇小説集である。自然の恐怖を描きながら緊張感を持たせるには、その地の霊が呼び寄せるような登場人物が必要だ。氏は収録された十八話のうち、半分近く、それに成功している。大変な才能といわねばならない。推す委員が少なく授賞を逸したが、是非とも次作を読みたい。
渡辺　淳一	宮脇俊三氏の『殺意の風景』は洒落た短篇集で、とくに第一話なぞ凄味があるが、途中、作意が見えすぎてくると興醒めする。いずれにせよ、これ一作では、というのが偽らぬ実感である。

委員がそのジャンルについて専門的な知識が乏しかったり興味が薄かったり、という状況だと、当然ながら不利になるわけです。

宮脇作品がそういう、直木賞という文学賞に内在している傾向というか影響によって受賞を逃したかどうかは断定できません。でも、『殺意の風景』のようなミステリー小説は、ミステリーであるだけで直木賞の競争においてはハンデがあったと推測されること、でもその状況で最終選考まで残った、ということであれば、その点は評価されて然るべきではないかと私は考えています。

ちなみに、直木賞は惜しくも逃しましたが、この作品は直木賞落選から三ヵ月後に、泉鏡花文学賞という別の文学賞を受賞しています。

そして、宮脇のすごいところ、というかあっさりしたところは、落選したとは言え直木賞の最終選考まで残るような作品を、初めての小説でいきなり書いたにもかかわらず、この後、小説に本格的に取り組むことがないまま、結局また紀行作品、ノンフィクションの世界に戻ってしまったところです。

この作品の後に全く小説を書かなかったわけではありません。小説の第一作でいきなり直木賞の最終選考まで行くような作品を書いた物書きですから、その後、小説の執筆依頼が急増したそうです。それに応じたのだと思われますが、短編のミステリー小説を雑誌に発表したことがあります。ところが、それが長く続くことはなく、やがて本人は小説を書くのはやめてしまいました。

そこには本人のいろいろな考えがあったのだとは思いますが、結果としては、この『殺意の風景』が宮脇作品唯一の貴重な小説として残ったわけです。たった一つだけ世に出した小説が、いきなり直木賞候補になって、にもかかわらずその後に小説を刊行しなかったという経緯を今から振り返ると、この作品は、宮脇俊三という作家の多才ぶりが垣間見られる異色の作品、と言ってよいだろうと思います。

そんな作品を、これから具体的に紹介していきます。

主人公は風景

宮脇本人があとがきで書いているように、「この作品の主人公は風景」です。宮脇が自身の著作の中で書き残している執筆スタイルとして、風景の描写方法にとてもこだわっていたという特徴を、ここまで何度も指摘してきました。文中に写真を入れず、文章だけでその情景を表現して、それが読者に伝わるのがよい文章だと考えていた、というのもその一つです。

ですから、この作品でも、いわゆる景色がよいところとされる場面の描写には、そうしたこだわりが窺えます。

まずは、「第三話　湿原の巻」です。作品の舞台は北海道の道東、釧路よりもさらに東の根室寄りにあって、JRで言うと根室本線の沿線にある霧多布《きりたっぷ》湿原です。『殺意の風景』が刊行されてから八年後の平成五（一九九三）年に、ラムサール条約という、湿地の保存に関する国際条約に登録されました。釧路湿原などが登録されている条約です。

この回では、「私」という主人公は風景写真家、つまりカメラマンで、個展を開くために北海道の自然を撮影していて霧多布に来た、という設定になっています。

霧多布は、その名のとおり霧の多いところで、一昨日も、きのうも霧で視界がきかなかった。しかし、白いヴェールを透してみる湿原も立派な被写体だ。霧のために日照時間が短く、気温も低いので、まだ一面にヨシの枯野であったが、そこここにワタスゲが白い蕾を見せ、エゾカンゾウも芽を出していた。咲きそろうのは六月末だが、蕾や新芽を近景にして背後に枯れたヨシの原を霧で霞ませるのも絵になる。私は雪解け水でぬかる霧の湿原をさまよった。

きょうも午前中は霧だった。しかし、午後からは霧が霽《は》れ、抜けるような青空が広がった。私は釧路で借りたレンタカーを駆って琵琶瀬展望台に上った。

展望台からは霧多布湿原の全景が見下ろせた。広漠とした湿原と、そのなかを蛇行する琵琶瀬川。そこには人跡がまったくなかった。自然が原始のままの姿で広がっていた。（「第三話　湿原の巻「シラルトロ沼」」より）

この場面では、霧の湿原の植物の様子と、展望台から見渡す光景を描写していましたが、「広漠とした湿原と、そのなかを蛇行する琵琶瀬川」「そこには人跡がまったくなかった」「自然

が原始のままの姿で広がっていた」という表現から、展望台からの眺めを想像することができるでしょうか。

この場面もそうなのですが、宮脇の景観描写では、「美しい」とか「素晴らしい」といった形容詞が出てきません。じゃあ宮脇は絶景を前にしてそういうふうに感じていないのか、と言うとそんなことはない。つまり、美しい景色を「美しい」という言葉を使わずに表現する、これが文章の極意である、と考えているところがあります。

たとえば、「展望台の上に上がると、目の前に美しい光景が広がっていた」なんていうふうには絶対に書かないわけです。そういう文章だと、「では、美しいってどんな様子なのか？」という疑問に繋がって、結局、その景色が具体的にどういう状況なのかが読者に伝わらないからです。「美しい」とか「素晴らしい」といった形容詞は、あくまでもその感想を発する本人の心理面を表すものであって、景色の状況を客観的に示してはいないんですね。

それよりも、その美しいと考えた景色を、なるべくその光景を客観的に文章で再現することによって、自分から「どうです、美しいでしょう？」なんて誘導しなくても読者がそれを読んで「なるほど、美しい景色が見えるようだ」というふうに感じ取ることができる、そういう文章を、宮脇は自分の作品で常に志向していました。

本書でも第五章『失われた鉄道を求めて』や第七章『インド鉄道紀行』で、そうした景観描写がなされている典型的な一節を紹介してきました。同じことが、「風景が主人公だ」というこの『殺意の風景』でも存分に発揮されています。

こういうふうに読者にその光景を想起させる情景描写は、鉄道が絡んでくる場面にも見られます。

今度は「第九話　トレッスル橋の巻」で、兵庫県の日本海沿岸にある山陰本線にある余部《あまるべ》鉄橋という、非常に有名な高い鉄橋のシーンです。この章の主人公である「私」は、特急列車に乗ってこの橋を渡ろうとしています。


城崎を過ぎると、トンネルをいくつもいくつも抜けます。そのあいだに日本海がチラチラ見えます。嶮しい海岸で、青黒いうねりが岩に砕けています。晴れていた空も、いつのまにか厚い雲に変っています。

浜坂が近づくと、

「このトンネルを抜けると、問題の鉄橋を渡ります。余部《あまるべ》鉄橋といって鉄道ファンなら誰でも知っているそうです」

とIさんが言いました。

トンネルを出たとたん、列車が空中に浮んだようになりました。飛行機が離陸するとき、こんな眺めがあったような気がします。眼がくらむような鉄橋でした。

11時42分、浜坂に着きました。

小雨が降りだしています。

タクシーに乗って一五分ぐらい戻ると、余部の鉄橋の下に来ました。

火の見櫓をずらりと並べたような、私の見たこともない奇妙な形の鉄橋です。そして高いのです。（「第九話　トレッスル橋の巻［余部］」より）

ここに出てくる余部鉄橋というのは、明治四十五（一九一二）年に建設されて平成二十二（二〇一〇）年まで、九十八年間にわたって使用されていた、鉄骨を組み合わせたトレッスル橋という単線の鉄橋です。高さが地上から四十メートル以上あって、そこを列車が通過するのですが、むき出しの鉄骨を組み上げた独特の形をした橋で、列車に乗っていると、右の引用箇所にあったように、下を見ると「眼がくらむような」高さが感じられるし、下から見上げると、橋が鉄骨の組合せなので通過する車両の車体がほぼ全部下から見えて、まるで列車が空を飛んでいるように見えました。

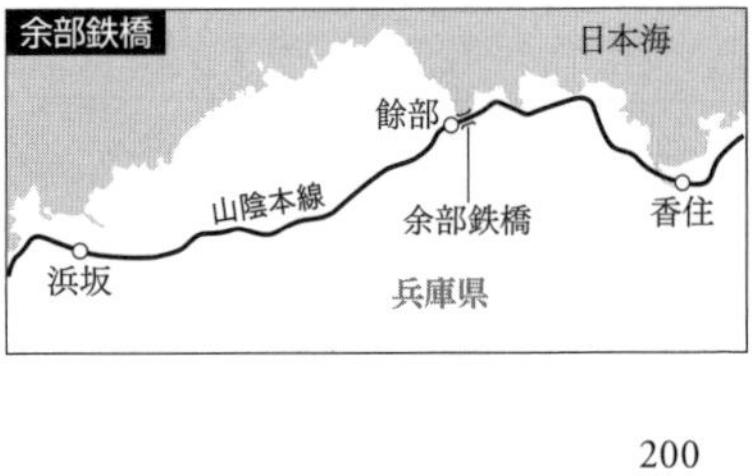

スリル満点なのですが、実際に危険でもあって、昭和六十一（一九八六）年には、この橋の上を通過していた客車に対して日本海からの突風が吹きつけて車体が吹き飛ばされて、四十メートル下の地上に車両ごと転落して死者が出るという事故が起こりました。このときは通過していた車両が回送列車で乗客がいなかったのですが、車掌さんや、地上の建物の中にいた人たちが亡くなっています。

今のシーンでも、列車が橋を渡る前のトンネル通過時に見える日本海の様子も、橋を渡るときに「列車が空中に浮んだようにな」ったとか、そういう表現をしています。この作品では「私」

という架空の登場人物が語っている、という設定になっているので、鉄橋についてその「私」の内心の感想として「そして高いのです」と最後に言っていますが、「列車が空中に浮んだようになりました」「飛行機が離陸するとき、こんな眺めがあったような気がします」「眼がくらむような鉄橋」という表現から、客観的にも高いし、乗っていて高さを感じられる、つまりスリルや恐怖を感じられる鉄橋、という印象がすでに伝わってきて、「そして高いのです」というシンプルな一言が効果的なダメ押しになっている感があります。

怖さを感じる景色とはどんなものか

こんなふうに、風景の描写からスリルや怖さを想像させようとする書きっぷりが随所に見られるのですが、そういう、怖さを感じる景色とはどんなものか、という宮脇の考えが読み取れるようなくだりがあります。「第十六話　海蝕崖の巻」に出てくる島根県の隠岐《おき》の島の自然景観に関する記述です。

ただ、国賀海岸の摩天崖には、ぜひ行ってみたいと思う。いわゆる風光絶佳の地についてはは旅を重ねるにつれて興味が薄れてきたが、断崖や滝など高所の恐怖を覚える場所には、かえって惹かれるようになっている。

若いころは、さして高所に恐怖を感じなかったし、とくに惹かれもしなかった。山峡の吊橋を平気で渡ったし、断崖から身を乗り出して同行者の肝を冷やしたこともあった。それが、なぜか齢とともに高所恐怖の症候をあらわしてきた。いまでは吊橋が渡れない。巌頭に立つと目眩がし、冷汗が出る。

それなのに、大断崖があると知れば行きたくなる。渡れないのに吊橋の袂に立つ。怖いもの見たさなのだろうが、怖いものなら何でも見たいというわけではない。惹かれるのは、死を誘うような場所であり、そこに身を置いてみたいのだ。(「第十六話　海蝕崖の巻［摩天崖］」より)

「惹かれるのは、死を誘うような場所であり、そこに身を置いてみたいのだ」と締めくくっていますが、この作品では、まさにそういう場所を多く探して選んでいます。そういう場所の風景自体に「殺意」が感じられるほど、いわば吸い込まれそうな趣きがある、ということを、宮脇は言いたいのかもしれません。

そういう、風景が内包する怖さというか怖れは、今のような断崖絶壁とか高いところならそれなりに誰でも感じやすいのですが、そうでない場所でも、全体の雰囲気から薄気味悪さというか自然の怖さというか、そういうものを感じ取れるケースがあります。それを今度は紹介していきましょう。

たとえば「第五話　段々畑の巻」で、「私」が愛媛県の松山市から山の中の集落へと引っ越す場面があります。実の父とは異なる男性の養女になって、その男性を「パパ」と呼んでいる「私」が話を展開させていくのですが、その男性が、ある人物が自宅を訪ねてきたことで顔色を変え、あわてて娘と一緒に山間部に身を隠すように引っ越して、その集落で名前も変えて過ごす、というふうに話が進んでいきます。

ビクトル・ユゴーの『レ・ミゼラブル』で、主人公のジャン・バルジャンがジャベール警部の追跡をかわすために別の街で名前を変えて暮らしたり、養女のコゼットを連れて慌てて引っ越したりする、というストーリーを参考にしたのでしょうか。それが、松山を離れて、三坂峠《みさか》という峠を越えて山間部へ入って行こうとする車の中から見た景観の描写とともに展開していきます。

三坂峠《みさか》を越えると、松山の町が見えなくなりました。この峠のことは知っていました。四国にしては珍しく雪の降る峠だからです。

久万《くま》という町を過ぎると、こんどは谷沿いの道です。大きな白い石が谷底にゴロゴロしています。ほとんど水はありませんが、土佐湾に流れ出る仁淀川の上流だそうです。

その谷が深くなって、御三戸《みみど》というところまで来ました。郵便局や学校もあって、このあたりの中心地らしいのです

が、谷底の陰気なところ。お店も少ししかありません。

「もうすぐだよ。毎日の買物は、この御三戸でするんだね」

とパパが言います。松山の町が恋しくなりました。

御三戸で国道と別れ、しばらく谷底の道を走り、それから山肌の細い道を登ります。杉や檜の下の薄暗い道です。

突然、あたりがパッと明るくなりました。

一面の段々畑。ミカン畑です。

でも、なんて急な段々畑でしょう。積み上げた石垣の高いこと。あんなところから落ちたら死んでしまうにちがいありません。

家も点々とありますが、山の傾斜が急なので、タテに並んでいるみたいです。雨戸の閉ったままの家もあります。働き手がいなくなって空家になったのでしょう。（「第五話　段々畑の巻「御三戸」」より）

次は鉄道がらみで、兵庫県の福知山線にある武田尾《たけだお》という駅に到着して、「私」が下車したシーンです。これは、先ほど余部鉄橋のところで紹介したのと同じ、第九話の別の場所です。

ここに登場する武田尾駅というのは、大阪から三十キロちょっとのところにあって、現在はホームの一部がトンネルの中にあって、外に出ているホームも鉄橋の上にあるという、山のはざまに挟まれたような駅なのですが、昭和六十一年までは武庫川に沿って走る古いルートを走っていました。今は福知山線は電車が走っていますが、この旧ルート時代は電化されておらず、ディーゼルカーやディーゼル機関車が走っていました。この作品に登場する武田尾駅は、現在の武田尾駅とは違う、旧ルート上の駅です。

同行している男から物盗りの疑いをかけられた女性の「私」が、ここでその男から下車するように指示されます。

> 列車は速度を下げ、駅にさしかかりました。すると、男の人は私を立たせ、背中を押すようにして通路を歩き出しました。この駅で降りるのです。
> 武田尾《たけだお》という淋しい谷底の駅でした。
> 駅の前は武庫川が流れ、細い橋がかかっています。対岸に家はありません。
> 男の人と並んで、その橋を渡りました。
> 対岸の道は、右へ曲るほうは車一台が通れそうでしたが、左は細くて人が二人並んで歩けるだけの幅もありません。ススキのなかの小径です。
> 男の人は、私に前を歩かせ、うしろからついてきます。
> もう四時半です。うす暗くなってきました。足音を消そうとするかのように川の音がざわめいています。

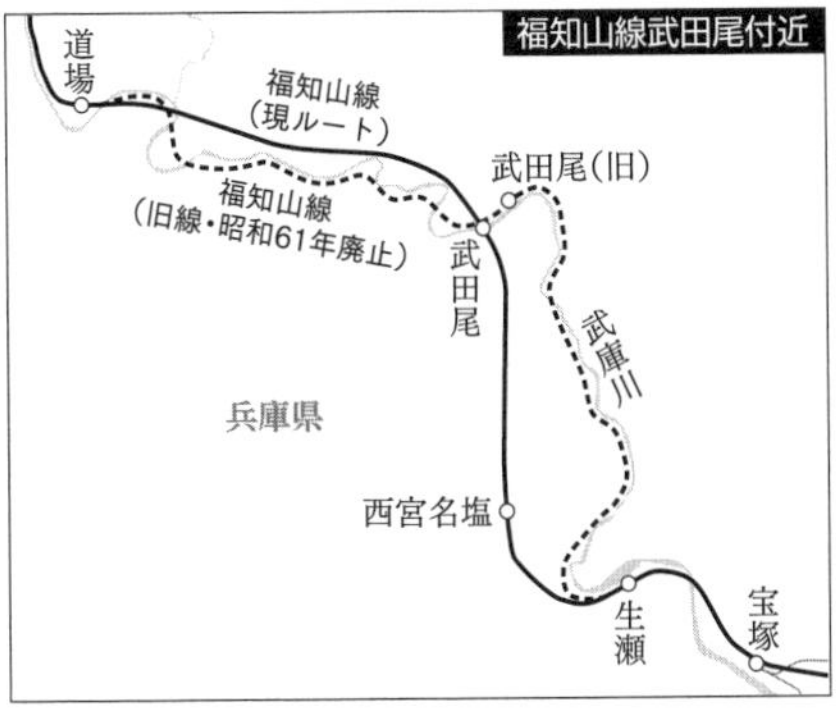

いったい、私をどうするつもりなのでしょう。私は怖しさで体が震えていました。駅を降りたときは、彼に見つかったらどうしようと心配でしたが、いまはそれどころではありません。
（「第九話　トレッスル橋の巻［余部］」より）

いかがでしょうか。ここでも、「私」が「怖しさで体が震えて」いる、と直接表現しているのは、「私」の視線で文章が展開している以上やむを得ないのですが、その記述より前の部分の風景描写、「淋しい谷底の駅」「対岸に家はありません」「ススキのなかの小径」「足音を消そうとするかのように川の音がざわめいています」といった一連の様子から、薄気味悪さ、川の音だけが聞こえるような山の中の静寂、そういった雰囲気が感じ取れるかと思います。

私見を風景描写に仮託

さて、こういった情景描写の表現方法に関する特徴とは別に、この作品では、宮脇自身の体験や見解が、景色の描写に仮託されているかのようなシーンがいくつかあります。風景の描写から自身の体験や見解を主張している、というふうに言えばいいでしょうか。

最初は、「第六話　溶結凝灰岩の巻」で、九州の宮崎県を走る国鉄高千穂線に「私」が息子の「良一」と一緒に乗車しているシーンです。

地図によれば、この深角《ふかすみ》から長いトンネルを抜けると、有名な高千穂鉄橋にさしかかる。高さ一〇五メートル、日本でいちばん高い鉄橋である。私は良一を促して運転席のすぐうしろへ行った。

前方に明りがさし、トンネルを抜けた。ディーゼルカーは突然中空に躍り出た。鉄骨のトラスは線路の下にあるので車窓を遮るものがない。脚下には阿蘇の溶結凝灰岩を深く刻み込んだ五ヶ瀬川の支流、岩戸川の流れが光っている。

恐怖を覚えるほどの高い鉄橋である。早く渡り終ってほしいと思う。

と、ディーゼルカーのブレーキがかかり、橋の中央で停車するではないか。

こんなところで故障かと驚いたが、運転士が振り返って、窓から首を出してみろという仕草をする。

良一が座席の上に両膝をつくと、上半身を乗り出さんばかりに窓の外へ突き出した。私は思わずその肩をつかんだ。

窓の下には保線係用の細い通路が設けられており、直下が見えるわけではなかったが、眼のくらむ高さである。

しかも、谷を伝ってきた強風が車体を揺さぶる。ディーゼルカーが横転しそうだ。

私は首を引っこめ、運転士に、もういいから発車してくれと合図した。(「第六話　溶結凝灰岩の巻［高千穂峡］」より)

おわかりでしょうか。このシーン、第一章『時刻表2万キロ』の解説で取り上げたシーンとほぼ同じです。

『時刻表2万キロ』では、宮脇が乗車した高千穂線のディーゼルカーが、この高千穂鉄橋（橋梁）にさしかかると、橋の真上で運転士が宮脇にスリルを味わってもらうためにわざわざ停車して、運転士が、「そこの窓を開けて首を出してみなさい」と宮脇に促したり、宮脇が、早く先へ進んでほしいから出発してくれと運転士に促したりしている場面がありました。この場面は、まさにその『時刻表2万キロ』の同じシーン、つまり宮脇の実体験をそのままここへ持ってきていると考えてよいでしょう。

冷静に考えてみれば、不思議なことではありません。この章に限らず、これだけ細かい風景の描写をしているのですから、どの場面にしても宮脇が現地取材をしたり過去の経験によって、自分の眼でその光景に一度は接しているはずです。この作品に出てくる風景で、宮脇が実際に見たことはなくて全くの想像で書いたというような場所はたぶんないと思うのですが、それにしても、この高千穂鉄橋の場面は、風景だけでなく乗っている列車のエピソードまで一緒なので、既存の宮脇作品の該当箇所がすぐにわかる珍しい場面と言えます。

もう一つ、今度は、宮脇の見解というか思想というか、そういうものが顕在化している風景描写が「第十話　豪雪地帯の巻」に見られます。この回の主役である「私」が上野から特急「白山《はくさん》1号」に乗って、高崎から信越本線に入って長野、そして妙高高原を通って直江津へと向かう場面です。

この区間は、平成九（一九九七）年に北陸新幹線が長野まで開業して、碓氷《うすい》峠を越える信越本線の在来線が廃止されてしまったため、今はこの区間を特急列車で走ることはできません。

特急「白山1号」は快晴の関東平野を快走している。冬型の気象が定着して、空には雲のかけらもない。秋の収穫も祭も正月も終り、春を待つ田園には季節の空隙が思うがままに広がっている。葉を落とした木々の梢が、虚空を刺しながら車窓を過ぎていく。

碓氷峠を越えると日が翳り、厚い雪雲が頭上に近づいてきた。浅間山も雲に被われている。沿線の家々の陰に雪を見るようになった。

長野を過ぎて妙高高原への上りにさしかかると、にわかに雪模様になった。見るまに積雪の嵩が増していく。

民家の屋根の上で人びとが雪落としをしている。手を休めて、ああシンドと腰を叩く人もある。粉雪に霞むその姿は雪国住まいの因果を怨んでいるように見えた。（「第十話　豪雪地帯の巻［松之山温泉］」より）

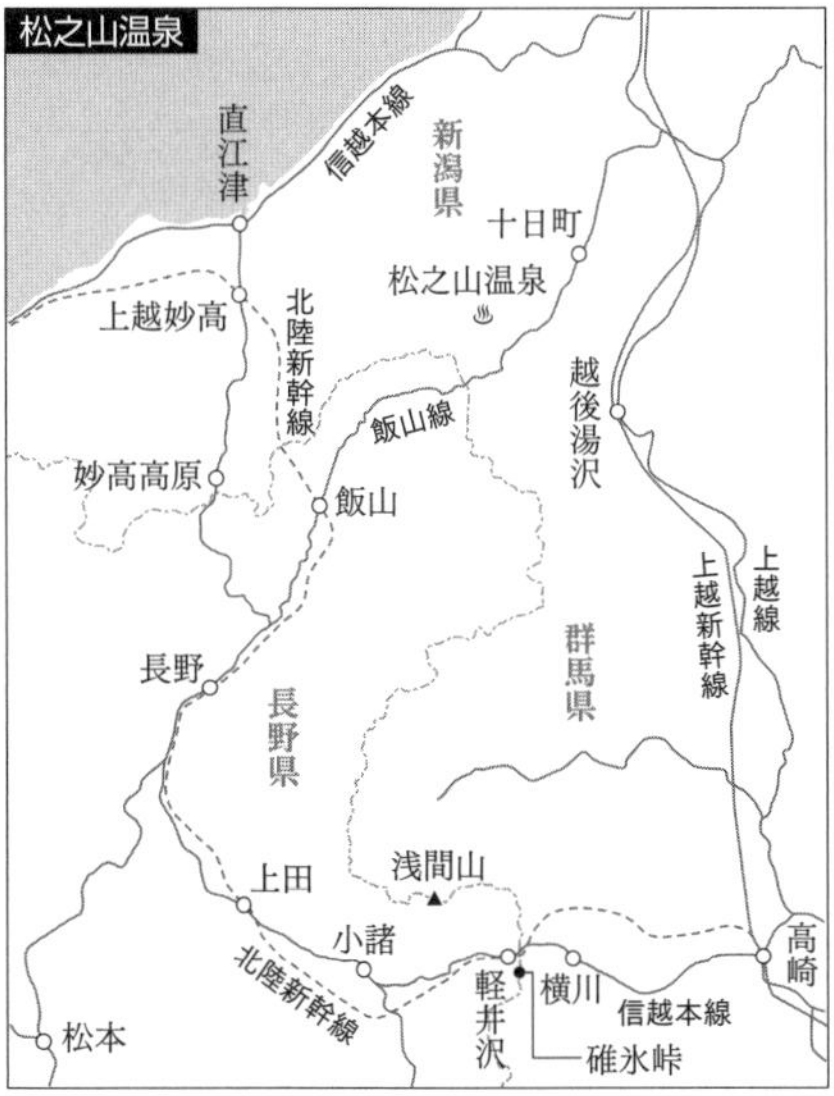

長野県に入ってだんだん雪景色になっていく車窓の様子が描かれていますが、民家の屋根で雪落としをしている人が「ああシンド」というふうに腰を叩《たた》いている様子や、「粉雪に霞むその姿は雪国住まいの因果を怨んでいるように見えた」というくだりは、雪景色をきれいなもの、美しいものとしてとらえるのではなく、雪国の人にとっては迷惑で厄介な存在である、というマイナスイメージを含んで表現しています。

第三章の鶴見線のところで指摘したように、宮脇はある場所を訪ねる際に、その場所が最もその場所らしい季節感を感じられる時期に旅することを望む傾向にありました。インド鉄道紀行ではわざわざ灼熱《しゃくねつ》の夏にインドへ行こうとして実際に行っていますし、北海道旅行については、夏の北海道だけ知ったのでは誤解のもとになるから、スキー客以外にとっては観光オフシーズンとなる真冬に北海道を旅してみるべきだ、ということを書いています。

この、雪国を真冬の厳しい時期に旅して、その厳しい自然環境に接してみると良い、という考えは、北海道に限らずこの甲信越や新潟方面の旅に関してもしばしば作品中に登場していて、『殺意の風景』のこの車窓からの眺めも、そうした表れの一つではないかと思われます。というのは、この作品ではこの後に、「私」を地元で迎える登場人物が、「スキーで雪国に来たことがある」と答える「私」を何となく冷笑する場面があります。スキーに来たくらいで雪国の真の姿がわかるものか、という感じですね。

それと、江戸時代に鈴木牧之《すずきぼくし》が雪国の生活を描写した『北越雪譜』という作品があるのですが、「私」を冷笑した現地の人が「私」に対して、この『北越雪譜』を読んだことがありますか、ぜひ読んでみるといいですよ、と勧める場面も出てきます。

宮脇は『旅は自由席』（平成三年、新潮社）の「私の大切な書」という随筆で、『史記』『アドルフ』、それに『時刻表』と並んで、『北越雪譜』の名を挙げています。『線路のない時刻表』（昭和六十一年、新潮社）でも、未開通の北越北線（現・北越急行ほくほく線）の工事現場を訪ねる章で、『北越雪譜』の一文を引用しています。

そうした他の作品での記述に照らして考えると、第十話で宮脇は、雪国に関する自分の考えを登場人物に代弁させていると言ってよいでしょう。その意識の表れとして、列車の窓から見える雪国の様子も、明るい雰囲気ではなく雪国の生活の大変さを感じさせるような描写をしている、という推測も成り立ちます。

ですから、この『殺意の風景』という作品、ノンフィクションから離れた宮脇作品、という言い方を最初にしましたが、こうしてみると、実は全くの架空の話ではなくて、宮脇の体験や意見が随所に反映されて、それを架空の登場人物に喋らせたり、風景の描写が自分の意見をイメージ付けるような書き方がなされている、と見ることもできるのではないかと思います。

第九章　歴史紀行①日本通史紀行三部作
（『古代史紀行』『平安鎌倉史紀行』『室町戦国史紀行』）

『古代史紀行』平成2年、講談社
『平安鎌倉史紀行』平成6年、同上
『室町戦国史紀行』平成12年、同上

作家人生後半のライフワーク

「日本通史紀行三部作」という正式名の作品はありません。三部作とは、『古代史紀行』『平安鎌倉史紀行』『室町戦国史紀行』の三つの総称です。この三つは、単行本としては三つに分かれていますが、実際には長期にわたる雑誌の連載を順次刊行していった結果、三冊になったものです。最初の『古代史紀行』は、平成二（一九九〇）年十一月に刊行されました。昭和六十二（一九八七）年から平成二年まで三年半にわたって月刊誌で連載した内容がまとめられたものです。続く『平安鎌倉史紀行』は平成六年十二月の刊行です。第一作の『古代史紀行』から四年ほど経っています。旅行の時期は平成二年から六年までです。

そして、『室町戦国史紀行』は平成十二年十一月の刊行で、こちらは『平安鎌倉史紀行』から六年経過しています。月刊誌での最後の掲載は平成十一年の夏でした。

このように、この三つの作品のもととなったのは、『古代史紀行』から足掛け十二年半に及ぶ長期連載でした。宮脇の作家人生後半のライフワークになっていた、と言っても過言ではないでしょう。

日本通史、というのは、日本の歴史をその時代順に見ていく、という意味です。それ自体はふつうのことで、何ら特別なことではありません。特別なのは、日本全国にある日本史に関する史跡を、日本史の時代順に訪ねる、という試みです。時代の流れに沿って日本の歴史を見ていくから日本通史、というわけですが、この「見ていく」という行為が、本当に各地の史跡を訪ね歩くことを意味していて、手間も時間もかかる、ある意味で非常に贅沢な歴史紀行です。それを宮脇は思い立って、雑誌で連載し始めました。

この「時代順に史跡を巡る」という行為を厳密に貫くと、同じ都市に別の時代の史跡があっても、まとめて訪ねるのではなくて、先の時代のものだけ見て、いったん帰宅したり次の時代の史跡を見に別の土地へ行って、然るべき時代になったらまた同じ都市を訪れて後の時代の史跡を訪ねる、ということになります。

たとえば、京都へ行けば平安時代から室町時代、戦国時代、さらには幕末と、長い日本史の中でしばしば歴史の表舞台になっています。そういう場所にまず平安時代の史跡を訪ね、その後の鎌倉時代は他の地方を訪ね、また南北朝の時代、室町時代、戦国時代、と時代が変わるたびに京都への旅を繰り返して、その時代に関係する場所だけを訪ねるということになります。宮脇が住んでいるのは東京ですから、そのたびに東京と京都の間を何度も往復する。どう考えたって非効率的ですよね。時間もお金もかかります。

もちろん、そんなことをして何の意味があるのか、という問いは、それこそ意味がありません。意味があるからやる、ないからやらないというのは、人文学の世界というか、そこまで堅苦しく考えなくても、趣味の世界では無用な尺度です。だいたい、日本の国鉄全線を乗りつぶしたり、国鉄の一番長い片道切符を作って実際に買ってその通りに乗ったりする行為に意味があるのか、とか、人生の何の役に立つのか、とか尋ねる人はいないでしょう。合理性とか利便性とか、そういう尺度が通用しない世界こそが宮脇作品の世界であり、魅力であるわけで、この日本通史紀行という試みもその具体化した例、と言えます。

学生時代、編集者時代からの歴史との縁

では、なぜ宮脇はこういう歴史紀行を始めたのでしょうか。

だいたい旅行というのは、どこへ行っても見るべきものは歴史と何らかの形で関わっていることが多いので、旅行好きの人は歴史に詳しくなりがちです。ただ、宮脇の場合は、単にアマチュア的な立場から歴史が好きだったというレベルではありません。大学で西洋史を学び、編集者として歴史と関わる仕事をしてきたというキャリアがありました。そのあたりのことを、この『古代史紀行』のあとがきで、やや長めに綴っています。

私には歴史や文学が好きになるような素質はなく、算数とか五万分の一の地図とか鉄道の時刻表に興味を抱く、理科的な少年だった。あの戦争がなければ、その方面の教師か鉄道の技手になっていただろう。

敗戦と青年時代を同時にむかえた私は迷い、東大理学部地質学科を中退して文学部の西洋史学科へ転入した。歴史、とくに世界史を学ぶことが、右往左往しないために何よりも必要だと考えたからであった。亡父が戦時中から「好きなことをやれ。だが、歴史だけは勉強しておけ。かならず役にたつ」と言っていたのが影響していたと思う。

しかし、観念だけの志向は虚しいもので、歴史学の真髄に触れることなく卒業し、中央公論社に入社した。

二七年に及ぶ在社中、いろいろ好きなことをやらせてもらい、よく働いたつもりだが、やはり『世界の歴史』（一七巻）、「中公新書」の創刊、『日本の歴史』（二七巻）の企画・編集にたずさわったのが主要な仕事であった。「中公新書」は歴史ものを主たる題材として発足した。

その間、多くの第一級の歴史学者と密着する機会に恵まれた。私の歴史の勉強は、ここではじまった。忙しくて家庭をかえりみる暇がなかったが、充実した、しあわせな時代であった。

（『古代史紀行』「あとがき」より）

まず、亡くなった父親の影響について自ら回想していますが、これは、現代の私たちが「歴史はきちんと勉強しておきなさい」と人生の先輩から言われるケースとは、やや意味合いが異なるのではないかと私は考えます。

というのは、それぞれの時代の歴史の専門家の方には失礼に当たってしまうかもしれませんが、たとえば今の時代に大人が子供に「歴史は大事だから勉強しておきなさい」と言うとき、「卑弥呼がいた邪馬台国の時代は大切だから勉強しておきなさい」とか、「鎌倉時代のことを知ることは人生の役に立つから勉強しておきなさい」とか、そういうふうに言われるでしょうか？　まあ、たぶん言われない人のほうが圧倒的に多いでしょう。

さっきの趣味の世界の話ではないですが、「将来の自分にとって役に立つから勉強せよ」という物言いを歴史の分野でするとき、おそらく現代の日本人にとっては、日本あるいは世界の近現代史を指して言うか、あるいは純粋な歴史そのものではないけれど、それこそ『万葉集』とか『古事記』『日本書紀』といった日本の古典をきちんと学びなさい、というような意味合いで使われるケースがかなり多いのではないかと想像します。私自身の経験に照らすと、「歴史は役に立つから勉強せよ」と直接説かれるとき、あるいはそのような言説に接するときの「歴史」とは、近現代史か、日本の古典の周辺分野を意味していました。

で、日本の近現代史の場合、もっと細かく言ってしまうと、明治以降の日本がどんなふうに国力を増していって、昭和になって戦争が起こって、いかにみんながひどい目に遭ったか、そういうことを繰り返さないように歴史を学ぶんだ、みたいな教訓っぽい雰囲気がくっついてくることも少なくありません。そういう学び方が悪いとは言いませんが、他の時代について学ぶときにはない善悪の要素が入りがちです。

翻って、関ヶ原の合戦で東軍が勝った、西軍が負けたという話を学ぶときに、やれ小早川が裏切ったのは道徳的にいかがなものか、とか、赤穂浪士の討ち入りで無抵抗の老人だった吉良上野介をよってたかって斬り殺すとは人道にもとるだとか、そういうことを考える人はいないですよね。でも、近現代史の分野だと、そういう見方が全く出ないとは言えないのが現代の日本の歴史教育の実情です。

で、話を宮脇の父の話に戻すと、宮脇の父が「歴史は必ず役に立つ」と言ったのは、私が記したような現代の文脈で生じる教育的な意味は生じなかったはずなのです。なぜなら、宮脇がこういう教育を父から受けたのは戦時中、あるいは戦前でした。「日本が戦争に負けた」という事実が起こる前の時代で、その頃に近現代史と言えば、明治からせいぜい大正ぐらいまでを指したはずです。終戦時の総理大臣だった鈴木貫太郎が慶応生まれだったのをはじめ、高齢者には江戸時代、つまり幕末に生まれた人もまだまだ多くいました。

それに、男子は二十歳になれば、兵役に就く義務がありました。宮脇の父はかつては陸軍の職業軍人で、日露戦争に出征した経験も持っています。『韓国・サハリン鉄道紀行』（平成三年、文藝春秋）には、従軍中に足に敵弾を受けて負傷したことや、「樺太の半分しか取れなかったのは不満だった」と述懐していたというエピソードが出ています。昭和初期の日本人にとって、戦争は遠い歴史の話ではなく、現実に、身近に起こり得る事柄でした。

だから、戦前に「歴史を学ぶ」と言うとき、現代の日本のように、近現代の戦争の歴史を知って悲惨な歴史を繰り返すな、というような発想はなかったはずなのです。それよりも、そういう時代に「歴史を勉強しておけば将来役に立つ」と我が子に諭した宮脇の父は、おそらくは、特定の地域の特定の時代だけでなく、広い視野に立って、長い歴史全体の流れを知ることは人間が発展していくうえで大切なことなのだ、という意味で話をしていて、息子の宮脇俊三もそのように受け止めたからこそ、世界史を学ぶことが重要だと考えたのではないかと思われます。

そうして大学で西洋史を学んで編集者になった後は、歴史を職業上の素材として扱う機会がたびたびありました。その過程で、本人が言うところの「第一級の歴史学者」と接する機会があって、そうした仕事の数々が自分にとって歴史の面白さを痛感させた、という趣旨のことが、先ほどの『古代史紀行』のあとがきにありました。

ただ、痛感したのは歴史の面白さだけではなかったようで、その経験が、この「日本通史紀行」の発想に繋がっていく、と記している部分が、やはりあとがきにあります。


ただ、そうした仕事のなかで痛感したのは、諸先生が概して貧乏で、史跡への取材費に事欠いていることであった。文献を渉猟し考察するのが歴史学ではあるけれど、歴史の舞台となった地域を実見しておいたほうがよいだろう。私は臨場感のある歴史を書いてほしくて、取材旅行をしていただいたりした。そのあたりの機微は、本書の成り立ちにつながるものがあるかもしれない。(『古代史紀行』「あとがき」より)

要するに、本を読むのは歴史学の基本であるけれど、それだけではなく現場を見て歩くことも大切ではないか、ということですね。これは、編集者だからそう考えたのであって、「臨場感のある歴史を書いてほしくて」というのはその通りであろうと思います。

資料ばかりを徹底的に分析して歴史上の事実を究明するのは、やっている本人は楽しいだろうし、資料を冷静に分析しないで想像や感情だけで歴史を語るのはナンセンスなんですが、編集者としては「売れる歴史の本」を第一級の歴史学者に書いてほしい。そのためには臨場感のある歴史の読み物にしたくて、そのためには歴史を語る人が実際に現地を訪ねてみるべきだ、と考えていたのでしょう。

それがこの作品では、自分自身がその歴史を語る人になったので、現地を訪ねる旅を作品のテーマとした、というわけです。

歴史紀行の楽しみ方を自己描写

ただ、注意が必要なのは、これは本人も書いていることですが、宮脇が『古代史紀行』から書き続けた日本通史紀行三部作は、あくまでも「歴史紀行」の本であって、歴史書ではありません。歴史の舞台となった現場を訪ねるのが歴史紀行で、そこに歴史の解釈などが関わるのはある程度必然になるのですが、それが主たる文章にはなりません。

そうなると、歴史紀行というのは、文献などに基づく事前学習によって得た前提知識をもとに、その歴史の舞台となった現地を訪ねて、石や山を見ては想像を巡らせる、という行動が主となります。

そのような楽しみ方について、宮脇は『古代史紀行』の中でこんなふうに語っています。福井県で、六世紀の初め頃に天皇の位についたとされる第二十六代の継体天皇やその母である振媛《ふりひめ》についての史跡を訪ね歩いている場面です。

こうやって東京から時間と金をかけて三国へやってきて、意味があるのかとも思う。史跡めぐりは好きだが、はるか一五〇〇年も昔の継体天皇や振媛となると、本当の史跡などあるはずもなく、『記紀』のほうが先にあって史跡はあとからつくられたという傾向が強い。つまり虚《むな》しい。

けれども、史跡をめぐっているあいだは、継体天皇や振媛という現代の浮世を遠く離れた人物のことが頭の大半を占領している。こうした時間を持てるのは、すばらしいことだとも思う。

(『古代史紀行』「継体天皇の新王朝」より)

当時の史跡がそのまま残っているわけではなく伝承によって後の世に作られた史跡ばかりだからむなしい、と、この作品のアイデンティティーを真っ向から否定するようなことをさらりと書いてしまっているのですが、その一方で、はるか遠い古代のことばかり考えていられる時間が幸せだ、とも言っています。歴史紀行の楽しみはそこにあるのだ、という主張ですね。自身の主義・主張を声高に叫ばない宮脇にしては珍しいことです。

もう一つ、今度は大化の改新の少し前、聖徳太子と同じ時期の豪族として知られている蘇我馬子の墓と伝えられている、奈良県の石舞台古墳を訪れたときの様子です。

> それにしても、石舞台の封土が失われ、石室が露出してしまったのは、なぜだろう。
> 石舞台は飛鳥川の支流の冬野川の谷あいにあるので、洪水で洗い流されたということも考えられる。しかし、おなじような立地条件の古墳でも、これほど見事にも無残に封土の消え去ったものはないだろう。
> とすると、やはり人間が封土を取り除いたとしか考えるほかない。大化改新後、蘇我氏の墳墓など壊してしまえと、墳丘をめくっていったが、石室の巨石だけはどうしようもなくて……、という説はどうだろう。まあいい。こんな想像をめぐらすことができるから、史跡めぐりは楽しい。（『古代史紀行』「大化改新前夜」より）

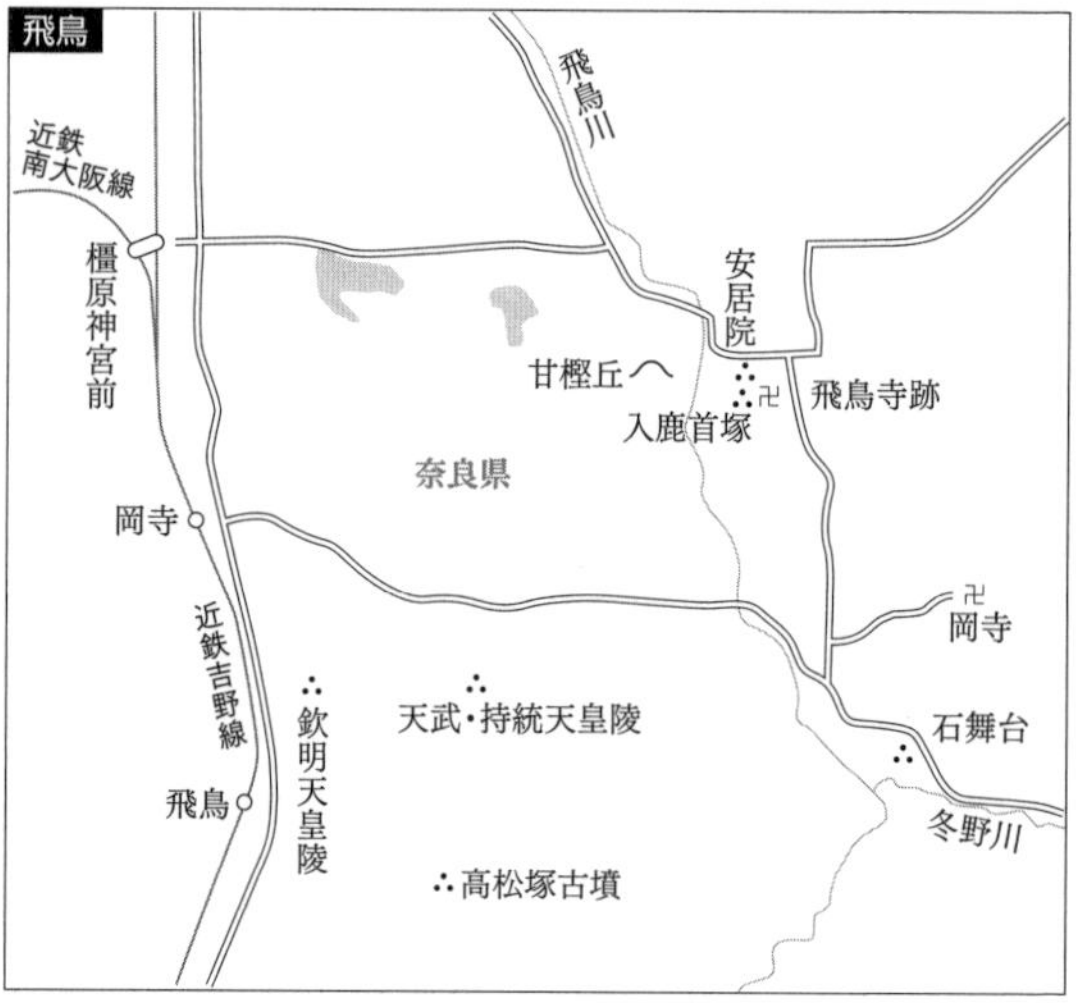

ここでも、宮脇はいろいろな想像をして、一人でその空想を楽しんでいるのですが、これなども、本に載っている写真で見るだけじゃなくて、現地へ行ってその石の大きさや状態を自分で見

ているからこそ空想が膨らんでいくわけです。

こういう自己描写は、日本通史紀行三部作の中でも、特に『古代史紀行』の中でよく見られます。古い時代になるほど、新しい時代より史跡が少なくなってしまうのは致し方ないのですが、その代わりに、古墳や遺構を見て想像するときの自由度は、目の前に現物がない分高まることになります。

その空想を補うのが、事前学習などで身につけていた文献上の知識です。宮脇があちこちの遺跡で想像の世界を楽しんでいる場面を何度も読むと、歴史の知識の有無が現地での想像力の幅の広さにも関わっているので、豊富な知識があるとその分楽しみが増える、というのがよくわかります。

巨大な石や山を見たときに、前提となる知識があればそれが墓石や古墳になって、そこに誰が埋められているのかとかどうやって作ったのか、なぜ今はこんな状態なのか、などと想像したり考えたりすることができます。でも、それが墓だと知らなければ、あるいは埋葬されている人を知らなければ、石はただの石だし、山はただの山なんですよね。歴史の知識があると空想が膨らむわけで、それを楽しむのが宮脇俊三の歴史紀行である、というのが、とりわけ『古代史紀行』からは非常によく伝わってきます。

鉄道紀行と歴史紀行の融合

遺跡などを前にして当時の情景を想像するだけでなく、地形と文献の記述を照らし合わせながら、自分なりの地政学的な解釈をして楽しむという場面もあります。

これは歴史紀行、とりわけ鉄道紀行ならではの楽しみ方と言えます。現代の鉄道は険しい地勢もゆうゆうと克服していて、かつては難所と呼ばれた場所でも気軽に訪れることができるのですが、そういう険しい地形が歴史の流れに影響を及ぼしたというのは、古代から各地で見られる現象です。

そのシーンを『古代史紀行』からピックアップしてみましょう。先ほど出てきた継体天皇の続きで、現在のJR北陸本線の途中にある北陸トンネル、というかそのトンネルが位置している木ノ芽峠という場所を特急電車で通過する場面です。彦主人王《ひこうしのおおきみ》は継体天皇の父、男大迹王《おおどのおおきみ》とは継体天皇のことです。

その木ノ芽峠を振媛《ふりひめ》は越えて近江の彦主人王のもとへ嫁ぎ、男大迹王を生んで、また木ノ芽峠を越えて越前の故郷へ戻ったと『書紀』に記されている。それは近江と越前の双方にまたがる地域を彦主人王が制していたと見なされるが、木ノ芽峠という難所を考えると容易ならぬことのように思われる。

『書紀』には、近江の三尾で未亡人になった振媛が、
「ここは遠く故郷を離れている。こんなところでは孝養もできないし、子どもを育てることもできない。高向（三国の東南。現在の丸岡《まるおか》町）へ帰りたい」
と言ったとある。そして、男大迹王こと継体天皇は越前で育てられ、大伴金村らの使者も越前三国へと迎えに行っている。それは継体天皇の根拠地が越前であったことをうかがわせる。もちろん、近江の「三尾の別業《なりどころ》」にいた彦主人王の役割を無視できないが、武烈天皇死去の時点での継体天皇の勢力圏は、越前、つまり木ノ芽峠以北であったと考えてよいのではなかろうか。

このように木ノ芽峠を私は重視しているのだが、特急電車はわずか七分半で北陸トンネルを抜け、「越」の地に入って、峠下の旧宿場町今庄《いまじょう》を通過する。黒い瓦屋根と白壁の家並の鄙びた集落だ。（『古代史紀行』「継体天皇の新王朝」より）

右の部分は、注目している地点である峠を列車で実際に通過することで体感していましたが、さらに鉄道の旅と歴史紀行が融合している場面もあります。

天智天皇が亡くなった後に、弟の大海人皇子《おおあまのみこ》、のちの天武天皇と、大友皇子とが対決した壬申《じんしん》の乱が

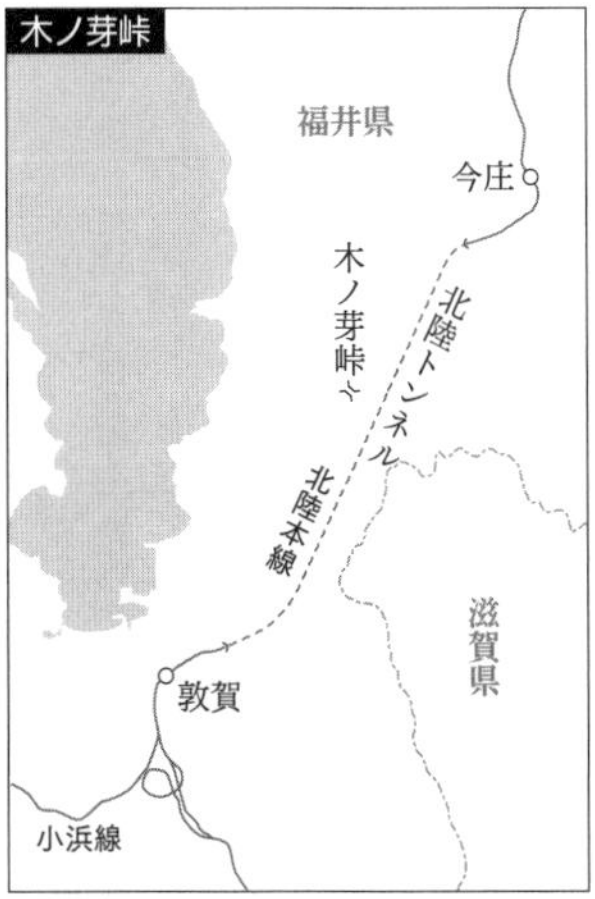

起こります。大海人皇子が戦闘準備のために吉野から辿った道のりの一部が、現在の近鉄の榛原《はいばら》より東の路線とほぼ一致しているのです。鉄道を利用しているだけで千年以上前の大海人皇子の進軍ルートを辿ることができる、ということを、宮脇は事前に地図などを確認して理解していました。

榛原まで来れば、大阪と宇治山田を結ぶ近鉄の本線が通じている。ここから先は大海人皇子一行の行程をすべて鉄道でたどることができる。地図を開いて壬申の乱のルートとを重ね合せてみると、榛原から先は一行の足どりと線路図が見事に一致しているのに驚かされる。古代から「道」は変らないのだ。

榛原駅前で、五〇キロを共にしたタクシーの運転手と別れ、昼食をすませて13時07分発の近鉄電車に乗る。

伊賀へと通じる山間を電車は高速で走り、室生口大野《むろうぐちおおの》を過ぎる。室生寺への入口で、観光客らしい一団が下車する。が、大海人皇子一行にとっては、これからが難儀である。

「大野に到りて日落《く》れぬ。山暗くして進行すること能《あた》はず。則ち当邑《そのむら》の家の籬《まがき》を壊ち取りて燭《ひともし》とす」

すでに四〇キロ以上歩いたはずだが、一行は休むことなく暗夜を先へと急ぐ。そして、夜半に隠郡《なばりのこおり》(名張付近)に至り、駅家《うまや》を焼いて人びとを起し、「天皇、東国に入ります。故、人夫《おほみたから》諸《もろもろ》参赴《まうこ》」と村中に呼ばわったが、一人も集まらなかった、と書紀は記している。

近鉄電車は13時22分、その名張に着いた。（『古代史紀行』「壬申の乱を行く（1）」より）

この名張から近鉄でさらに東へ向かったところから、当時の近鉄伊賀線、現在は伊賀鉄道という別の私鉄が分岐しています。この当時の近鉄伊賀線で終点の伊賀上野に着くと、今度はJR関西本線に乗り換えます。ここもまだ、大海人皇子の進軍ルートのままです。

JR関西本線の伊賀上野から15時40分発の亀山行に乗る。盆地が尽きて上り勾配にかかると、窓外が高原のようになってきた。「会明《あけぼの》に莿萩野《たらの》に至りて、暫く駕を停めて進食《みをし》す」とあるのは、こ

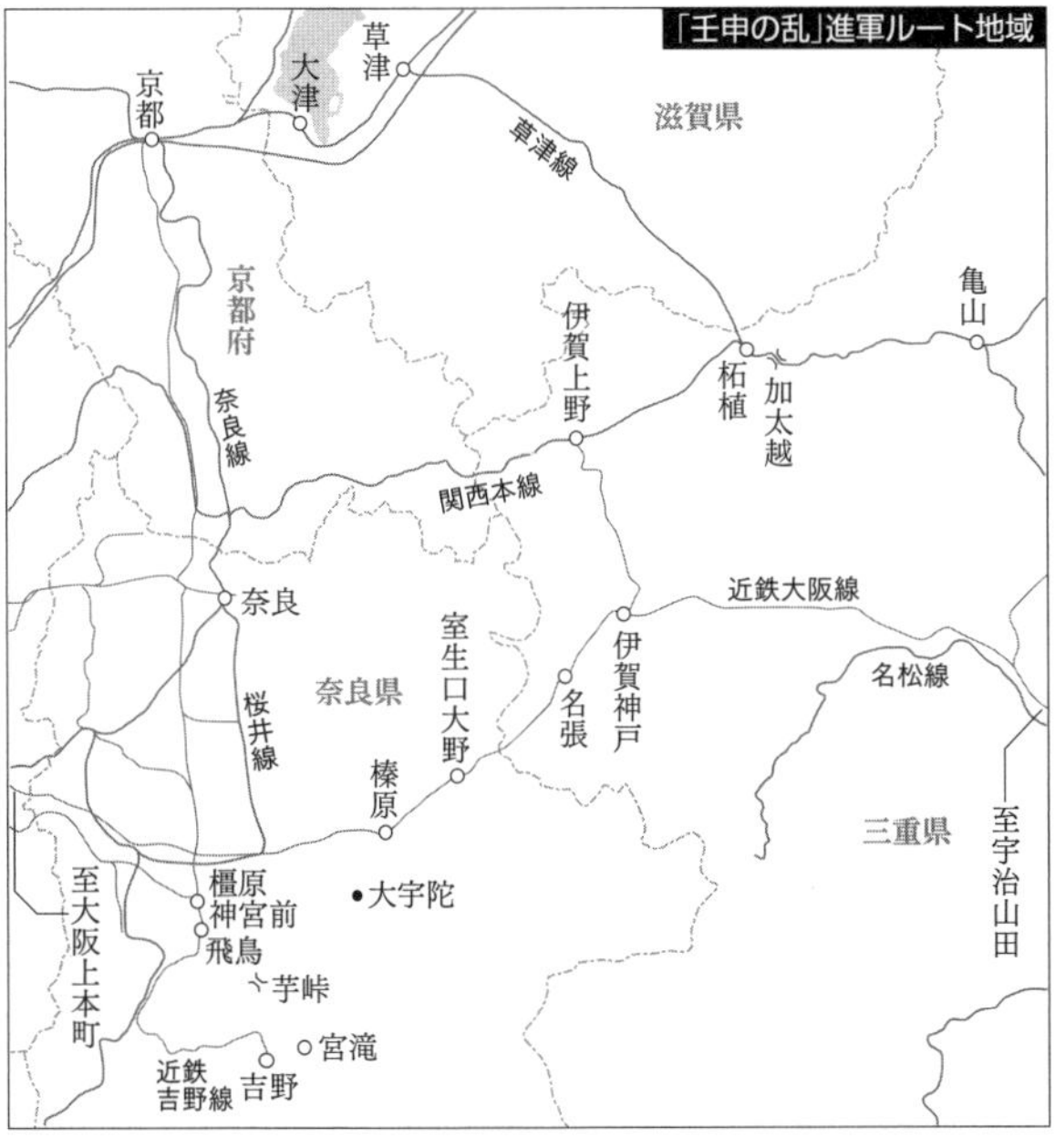

の付近であろう。

左からJR草津線が合して柘植《つげ》に停車する。書紀の「積殖《つむゑ》」である。この付近は近江朝軍に遭遇する危険性の高いところだ。しかし、姿を現したのは敵軍ではなくて、高市皇子の一行であった。大津を脱出して馳せ参じたのである。父、大海人皇子の喜びは、いかばかりであったろうか。(『古代史紀行』「壬申の乱を行く(1)」より)

高みから古代の地形を望む

山や丘など高いところに登って眺望を楽しむという場面も、歴史紀行のよくある行為として、このシリーズでは時折登場します。

信貴山《しぎさん》と呼ばれる山が京都の南方にあって、ここはケーブルカーで登れます。女帝として有名な称徳天皇と、その庇護下で実権を握った道鏡の時代のくだりで訪問先に選んでいるのですが、上まで実際に登ってみれば、道鏡だけでなく仁徳天皇の時代にまで遡って、高みから下界を見下ろす時代ごとの実力者たちを偲んでいます。

近鉄の支線で信貴山口へ行き、ケーブルカーに乗る。

信貴山は標高四〇〇メートルぐらいの山で、役行者や道鏡が修行した葛城山の一〇〇〇メートル級には及ぶべくもないのだが、西は大阪平野、東は奈良盆地の全貌が見渡せる。曇天だが、視界はよく、幾度も訪れた飛鳥から奈良市へかけてが一望できた。大阪への通勤住宅圏と化して家が建てこんでいるけれど、右には天香久山などの大和三山、正面には三輪山、左には若草山、眼をこらせば大仏殿の甍も見える。

低い山から一望できるほどで、さして広い地域ではない。しかし、ここで二〇〇年にわたる暗闘がくりかえされたのかと思うと、いささかの感動を禁じえない。

それにしても、為政者たちは高みから国土を瞰望することが少なかったようだ。仁徳天皇は高殿《たかどの》から民のカマドの煙を眺め、舒明天皇は天香久山に登り、雄略天皇は葛城山で一言主大神に出遭っているが、そのくらいしか記録にはない。役行者や道鏡は、こうした眺望をほしいままにしながら修行していたはずである。（『古代史紀行』「女帝と道鏡と藤原仲麻呂」より）

上から下界を眺め下ろすというのは、紙の地図上でしか観念し得ない位置関係を実際に把握するうえでとても役に立つ行動です。ここも、一望で見えているのは現代の下界なのですが、一望で

きる景色の地形などは千年以上前から変わりません。地図を見れば地形をある程度は把握できますが、実際に歴史上の人物たちと同じ位置に立つことで、千年以上前に彼らが目にした光景や彼らの心境を追体験できることになります。

こんなふうに、『古代史紀行』は近い時代に比べて文献に限りがあるという特徴から、自然の地形に向き合ったり、想像で現地の往時の様子を補ったり、という場面が、続きである『平安鎌倉史紀行』『室町戦国史紀行』の二作品に比べてやや多い印象を私は持っています。文献が少ない分、逆に自由な想像がしやすいからなのかもしれません。

京都を歩いて地形の特徴に気づく

『古代史紀行』に続く『平安鎌倉史紀行』は、第五十代の桓武天皇、平安遷都の直前くらいから、鎌倉幕府の滅亡までを扱っています。

平安時代以降の歴史紀行は、古代に比べて文献が豊富になってきて、読み物として面白い古典の世界を実際に訪ねる機会がぐっと増える時代でもあります。NHKの大河ドラマを筆頭に、特に合戦が多い時代はテレビや映画で描かれやすいこともあって、純粋に文献の中身を追うだけでなく、そうした大河ドラマの舞台になった場所を巡る、というのも、歴史紀行の一種と言っていいのではないかと思います。

それと、平安時代以降になると、事件や合戦の現場とか建物とか墓とか、歴史の舞台になった場所が、古代よりも特定しやすくなります。古代の場合だと、たとえば邪馬台国が近畿にあったのか九州にあったのかが論争になっているのは典型的な例ですが、そこまで行かなくても、ある事件が起こったとしてそれが具体的にどこなのか、という特定ができず、だいたいこの辺りという感じで現在に伝わっているケースもよくあります。それが、時代が進めばそういった場所がはっきりしやすくなってくるので、歴史紀行の目的地も特定しやすくなります。

そういう場合、現場へ行って今は何も遺構が残っていないことを確認するだけ、というようなこともあるのですが、そこはやはり現地を訪ねる意義があって、地形からその場所に目的の史跡がある歴史的経緯や必然性に気づいたりする場面があります。それは、地理に詳しい宮脇ならではの歴史紀行のポイントだと思いますが、そんな例を『平安鎌倉史紀行』から取り上げてみましょう。

宮脇が京都の市街地を歩いている場面です。宮脇は、作家になる前の編集者時代から、京都に住んでいる執筆者に原稿を依頼するため、京都には何度も足を運んだ経験があります。ですから、歴史紀行で訪れた場所や街並みも、初めての訪問ではないことが少なくないのですが、それでも、桓武天皇が打ち立てた平安京を偲ぶ目的で歩いていて気づいたことがあったようです。

　京都の市街地を歩いていて「坂」に出会うことはない。三条通から飲食店街の木屋町通《きやまちどおり》を南へ行くと、ほんの数歩の下りがあったりするが、東西南北、平らである。
　しかし、鴨川や桂川の水が南へ流れていることからわかるように、京都の町は南へ傾斜している。私が歩いたコースで言うと、羅城門跡が標高二〇メートルで、千本四条が三〇メートル、千本丸太が四四メートルである。

わずかな傾斜だから、歩行者にとっては平坦だが、自転車に乗ると北行はキツく、南行はラクだそうである。

しかし、千本丸太から北は歩行者にもわかるくらいの登り道になる。目指す一条通の標高は五九メートル。計算すると、羅城門―千本丸太の四倍の傾斜になっている。地図の等高線をしらべると、急な上りの気配は朱雀門跡あたりからはじまっている。

そうか、と私は納得《なっとく》した。大内裏は平安京を見はるかす高みにあったのだ。（『平安鎌倉史紀行』「平安京の設計」より）

大内裏は高みにあったということは、時の権力者が民を見下ろす場所にいた、ということで、平坦だと思っていた平安京にもそういう位置関係があったんだ、ということに現地で気づいているわけです。

大したことではないのかもしれないし、大したことがないから、わざわざ歴史の教科書に「平安京では権力者が集う大内裏が標高のやや高い位置にあって民衆を見下ろしていた」なんて解説が出てこないのかもしれません。でも、自分で気づくと小さなことでも納得しやすいし、大発見のように思えるし、それもまた、想像力が増幅させる歴史紀行の楽しみ方の一つと言えるでしょう。

そして、今のくだりの最後にあるように、宮脇は、地図の等高線を見て高低差が始まる場所などを確認しています。京都の市街地を歩くのに、等高線が書かれている地形図を持って歩く人って、たぶんそんなにいないのではないでしょうか。その点は、いかにも宮脇作品らしいところです。

ちなみに、『古代史紀行』の単行本の、表紙カバーのさらに外側の下半分についているいわゆる帯と呼ばれる部分には、この作品のキャッチフレーズとして、「三種の神器は、年表、地図、時刻表。あくまでも歴史の流れに従って、ご存じ宮脇俊三が旅を行く」と書かれています。この「年表、地図、時刻表」というキャッチフレーズは、その後の『平安鎌倉史紀行』と『室町戦国史紀行』の帯にも書かれています。

宮脇の場合は鉄道紀行のイメージが強いので「時刻表」のインパクトが強いのは自然なことで

すが、この日本通史紀行では汽車に乗ること自体が主目的ではないので、時刻表のほかに地図が必ず入っているのが、特に重要な意味を持っています。

名作の舞台を訪ねる

さて、平安時代以降になると、文献や史料が豊富になって、中には読み物として面白い古典もたくさん登場します。

その名作の舞台を訪ねるケースもたくさん出てくるので、どの場面を紹介しようか迷ってしまうのですが、ここでは、宮脇本人が「涙ぐまずには読めない」と書いている、『平家物語』の場面を取り上げてみましょう。場所は山口県の下関、源平合戦の最終決戦の舞台となった壇ノ浦です。

関門海峡の下関側には、海峡が見下ろせる火の山という山があって、ロープウェイで簡単に山の上に登れます。ここからは、関門海峡全体を一望することができます。以下に紹介する作品の抜粋部分では、宮脇はこの火の山にロープウェイで登って、眼下に広がる関門海峡、つまり壇ノ浦を見下ろしています。

風が冷たい。が、そこに立って壇ノ浦を見下ろし、平氏の末路や『平家物語』のさわりの条《くだり》を思い起すなど、これ以上の旅の贅沢はないだろう。

またガイド嬢との二人きりのゴンドラで下り、こんどは海岸の国道を下関のほうへ歩く。
山側から排水溝のような細い川が海峡へ注いでいる。しかし、これが「みもすそ川」と呼ばれる由緒《ゆいしょ》のある流れで、国道の脇に「安徳帝御入水之処」の碑があり、二位尼辞世の、

「今ぞ知る　みもすそ川の　御ながれ
　波の下にも　みやこありとは」

と刻まれている。そのあとに小さく「長門本平家物語」とあるのは、一般の『平家物語』の流布本とはちがう典拠を示したのであろう。

それにしても、「海の底に何があるのか」とたずねる安徳幼帝に「極楽浄土の都がございます」と答えて入水する物語に是も非もない。川のように潮が流れる海峡にたたずんで、八〇〇年前の、あんな時代に生れ合せなかったことを、ありがたいと思うだけである。

（『平安鎌倉史紀行』「平家滅亡と義経」より）

ここは安徳天皇の入水という、『平家物語』の中でもクライマックスに相当する名場面の舞台を、宮脇が実際に訪ねる場面です。この場面は、たとえば子供向けに漫

壇ノ浦

画で描かれた日本史の本でも、平家滅亡の悲劇の場面として描かれていますから、『平家物語』という古典そのものを読んでいなくても知っている人が多いシーンです。

そういう、誰もが知っている場面について自分の作品で触れるのは、なかなか勇気がいるし大変だと思います。思い入れが人によって違いますから、万人が楽しめる歴史紀行として書くのは決して簡単ではないはずです。

そういう場面でも、宮脇は気負わずにさらっと書いています。「涙ぐまずには読めない」とか「是も非もない」とか、本人の感想があるのは紀行文だから当然なのですが、全体的には宮脇自身の主観があまり強くなくて、その代わりに、関連する文献の引用や要約が適度に織り交ぜられている、という書き方がこの作品の主流とも言うべきパターンになっています。その織り交ぜ方が、本当に適度というか、宮脇個人の主観とのバランスが絶妙です。

この場面にしても、数え年で八歳、満六歳の安徳天皇と海に飛び込む二位尼のやり取りは、原文ではなくて宮脇による要約ですが、原文が持つ悲劇の味わいがうまく保たれています。

ここの部分を読んで、『平家物語』の原典を読んでみようと思う人もいるのではないでしょうか。文中で紹介している古典の原典を読んでみたいと読者に思わせるというのは、宮脇自身がそれを狙っていたかどうかはわかりませんが、歴史紀行作品としては非常に優れている点だと思います。

八百年前の和歌の視界を思う

この壇ノ浦の場面は、宮脇自身が「是も非もない」と言って『平家物語』の有名な場面の回想を素直に受け入れていますが、逆に、著名な古典文学でも、現場の状況に照らして疑問があれば、自分の直感や現場で実際に見た状況をもとにその疑問に向き合ってみる、というケースもあります。

鎌倉幕府の三代将軍、源実朝は、和歌に秀でていたことで知られていますが、その実朝が詠んだ代表的な歌に関して、こんなシーンがあります。

　三島から東海道線の上り電車に乗る。鎌倉に立寄って和田義盛一族の墓や実朝が暗殺された鶴岡八幡宮を訪れるつもりである。丹那トンネルを抜け、熱海を過ぎると、初島《はつしま》が見える。沖合一〇キロばかりのところにある平たい小島である。

　京の都から鎌倉へと向った実朝が、

「箱根路をわが越えくれば伊豆の海や沖の小島に波のよるみゆ」

と詠《よ》んだのは初島で、歌人実朝の代表的秀歌とされている。

　眺望感のある、よい歌で、絶賛されるのに異存はないが、「波の

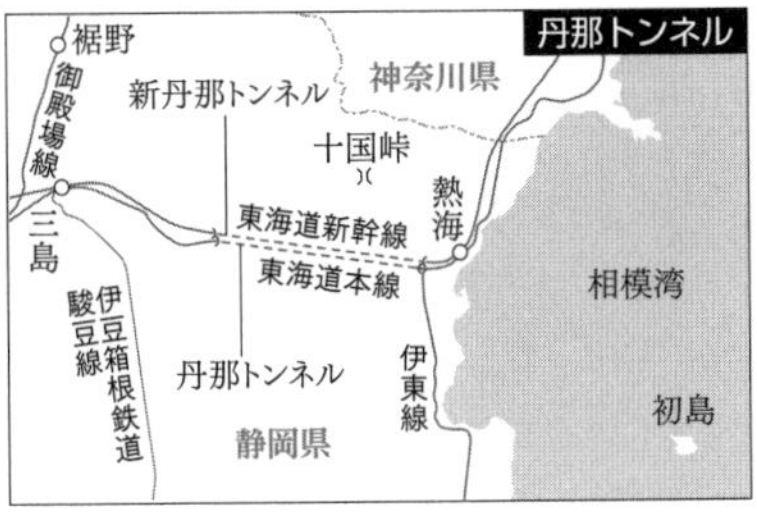

よるみゆ」は本当だろうか。私は熱海の裏山に住んでいたことがあり、十国峠あたりを歩いて初島を眺めてきたが、空気が澄んで視界のよい日でも初島に寄せる波を見るのは、双眼鏡を携《たずさ》えてこなければ無理なように思われた。(『平安鎌倉史紀行』「修善寺の墓」より)

この「箱根路を……」という実朝の歌は、『金槐和歌集』にも選ばれている有名な歌ですが、建物や交通手段は大きく変わっても歌に出てくる地形の距離感は八百年前と現代とでそう変わらないはずであって、だとするとこの「波のよるみゆ」は本当だろうか、という疑問を宮脇は抱いたわけです。

こういう疑問は、その分野についてある程度の知識を持っていたり自信がないと抱かないでしょう。終戦直後に熱海に住んでいて実際の地形や距離感についての実体験があり、かつ、自分自身の楽しみとして地図を見て読み解く作業を長年にわたってやってきた宮脇ならではの問題提起ではないでしょうか。

体力の衰えを感じる三作目

鎌倉時代が終わると、三作目の『室町戦国史紀行』に時代が移ります。この作品では南北朝時代や室町時代、安土桃山時代を経て、関ヶ原の合戦まで書かれました。

宮脇は、関ヶ原で天下分け目の合戦現場を訪ねたところで、このライフワークのような連載シリーズを自ら申し出て打切りにしています。その理由は『室町戦国史紀行』の本文の最後やあとがきに書かれていますが、宮脇はこの関ヶ原を訪れた最終回の時点で七十二歳になっていて、体力が衰えたことを自覚していました。

歴史紀行は平坦な街の中だけでなく、むしろ山や丘に登ったりしててくてく歩くことが必須である場合が多いので、足腰が衰えて歩けなくなってしまっては取材旅行ができず、したがって企画の続行が不可能になってしまったのです。取材旅行ができないというのは、紀行作家としてはかなりの痛手で、自宅の書斎で想像力を働かせながらフィクションの世界を描く作家との大きな違いと言えるでしょう。

それと、これは私がこの三部作を通して読んだうえでの印象なのですが、特に三作目の『室町戦国史紀行』は、確かに史跡を歴史順に巡っているのですが、『古代史紀行』に比べると、史跡の単調な訪問が細かく繰り返されているだけ、という、やや辛口の評価をせざるを得ない側面が垣間見えます。

ここが歴史紀行の難しいところで、史跡を訪ねてまわるというのは結局のところ、往時を偲ぶという想像力を働かせる知的な作業が伴うというのはどの時代でも変わらないのですが、時代が下れば史料や文献がだんだん確実になってきて、その分、現場で想像力を働かせる余地がどんどん減ってくるということになります。

そこへもってきて本人の体力が衰えて活発に動き回ることがだんだんできなくなってきた、という事情も加わって、そういう印象になってしまうのかもしれません。

また、この三作目では、戦国時代に入ったところで、宮脇は『古代史紀行』以来の大方針を一部変更します。それは、愚直なまでに時代順に史跡を巡る、というやり方から、戦国大名を中心とする地域別に史跡を巡る、というやり方に変えているのです。

これは、本人も書いていますが、やむを得なかったのだろうと思います。戦国時代は、他の時代のように確固とした中央政権があって、その中央政権での出来事を中心に日本史が動いているという時代ではなく、日本全国に散らばっている戦国大名がそれぞれの生きている時代にそれぞれ活発に動いていた時代です。

そういう時代に起こったことを原則通りに年代順に史跡巡りをする、ということをやると、かえって歴史の連続性を阻害してしまって理解しにくくしてしまう、ということは想像できます。自分が歴史を理解しにくくなる旅行をしてもそれこそ意味がない、そのことが、実際に年代順の歴史紀行を続けてきて、戦国時代まで辿り着いたときに本人もよくわかったのでしょう。

では、その戦国時代に入っていきましょう。最初は、これも誰でも知っている桶狭間を巡る旅の場面です。

つぎは桶狭間。迷路の丸根砦から脱出した運転手は元気になって車を走らす。このあたりは知多半島の基部で川がない。だから溜池《ためいけ》が多い。地形は複雑、凸凹《でこぼこ》で、道は曲りくねり、上り下りする。「狭間」は凹地《くぼち》のことである。

溜池のほとりの「田楽坪《でんがく》」（田楽狭間）に着いた。狭間は坪とも言うらしい。

永禄三年五月一九日の昼下り、桶狭間で休息していた今川軍の本隊を、東側の盲点に進出していた信長陣頭指揮の織田軍が奇襲し、義元の首級《しるし》をあげた場所はわからないが、奇襲を受けやすい地形であることは、来てみればわかるような気がする。義元側の油断もあっただろうが。
(『室町戦国史紀行』「清洲と桶狭間」より)

桶狭間の戦いは織田信長が戦国の世で名を挙げた最初の戦いとして、たぶん日本人なら誰でも知っている合戦ではないかと思いますが、ではその桶狭間へ実際に足を運んだことがある人がどのくらいいるか、となると、知名度のわりにはかなり少ないのではないでしょうか。

実際、広々としたところで日中に派手に行われた関ヶ原の合戦のようないくさに比べれば、桶狭間は狭いし、古戦場として目立つかというと、そうではないほうに分類される場所ではないかと想像します。

この桶狭間について宮脇は、「奇襲を受けやすい地形であることは、来てみればわかるような気がする」と書いています。「来ればわかる」という表現は、紀行作品としては率直に言ってあまり多用したくないと私は思っています。その風景というか光景の描写を、作者自身が放棄してしまっているような感じがするからです。『殺意の風景』の章で指摘した通り、宮脇自身は風景の描写にことのほか気を遣って、写真なしで文章のみでその様子が伝わるように書くべきだ、という信念を持っていたはずなのです。

これは、この桶狭間の訪問が『室町戦国史紀行』でも後半のほう、つまり終わりに近い時期だったことと無関係ではないと私は考えています。

宮脇が桶狭間に行ったのは平成九（一九九七）年五月だったのですが、その直前に南米旅行へ行ったら、左足に悪性の菌が入って歩行困難になり、最悪の場合は左足切断やむなしとまで診断されました。幸いに回復して、この日本通史紀行もこの桶狭間の回から復活したのですが、やっぱりまだ健康が完全に回復していなかった時期ということもあったのかもしれませんし、それに加えてもともと齢を取ってきた影響もあったのかもしれません。

作家デビュー初期の頃の研ぎ澄まされたような、それでいて淡々とした雰囲気を失わない文章を大切にしていた宮脇俊三であれば、「来ればわかる」という意味の表現はまず使わなかったと思われます。そういう言い回しが出てくる背景には、そのような宮脇自身の当時の事情があったのではないかと想像できます。

古戦場の地形をつぶさに観察

ただ、そうは言っても、歴史紀行が鉄道紀行とシンクロする場面になると、地形の細かな解説に歴史解説が加わって、戦国時代と現代の鉄道の車窓に臨場感が出てきます。

そういう場面が、桶狭間の後にも出てきます。織田信長と徳川家康の鉄砲隊が武田勝頼の騎馬隊を壊滅させた長篠の戦いの跡を巡る一場面です。

次の停車駅の新城《しんしろ》を発車した。豊橋から二一・六キロ、時刻は9時29分。ここからつぎの停車駅の本長篠までが、「長篠の戦い」の跡である。

おもな史跡は、つぎの三ヵ所であろう。

①長篠城跡
②鳥居《とりい》強右衛門《すねえもん》礫死《たくし》の地
③設楽原《したらがはら》古戦場

これらは飯田線の車窓（左側）から③②①の順に見ることができる。

まず新城から二つ目の茶臼山《ちゃうすやま》駅を通過すると、連吾《れんご》川（連子川）という細い流れを渡る。この川を挟んで信長・家康の連合軍と武田勝頼軍とが対峙《たいじ》したのであった。

茶臼山駅から三つ目の鳥居駅を通過すると、田んぼの向こうに大きな碑が見える。鳥居強右衛門礫死の碑である。

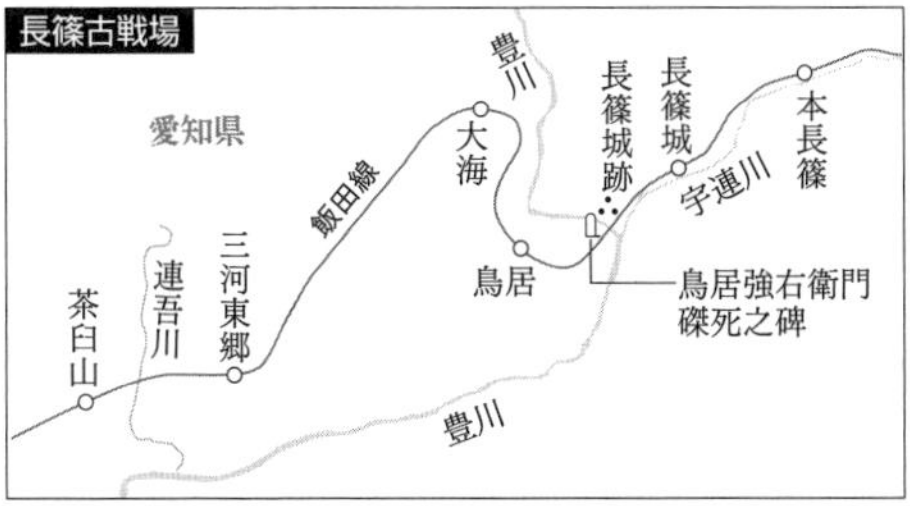

その先の三〇〇メートル、約三〇秒の区間は「長篠」に関心を持つ者にとっては必見の場である。

ここまでは、丘陵《きゅうりょう》の合間や河岸段丘上の田園を走ってきたのだが、それが突然尽き、電車は深い谷を渡る。車窓が陽から陰に一変し、長篠城跡をかすめる。ここは豊川の本流に宇連《うれ》川が合流する地点で、二つの川が刻んだ高い崖の上に城があったのである。

この付近には鉄道橋のほかに橋はなく、長篠城の立地を見るには飯田線の車窓しかない。

（『室町戦国史紀行』「長篠の戦い」より）

この長篠の合戦もそうですが、織田信長以降になると、有名な合戦がたくさん出てきて、本書でどれを紹介すべきか、選択には非常に悩まされます。それくらい、この時代は合戦が多いし、それぞれの合戦にまつわるエピソードもたくさんあります。

その中から、織田信長が本能寺の変で亡くなった後に豊臣秀吉と明智光秀が衝突した山崎の戦いの史跡巡りの場面を紹介しましょう。

さて、天王山へ登るとしよう。山崎で下車して、あたりを見回しただけでも、ここが重要な戦いの場であることはわかるのだが、「天王山」の名には格別の響きがある。標高は二七〇メートル。高くはないが低くもない。

秀吉と光秀がこの地に対峙《たいじ》したのは、本能寺の変の一一日後の六月一三日であった。秀吉軍は四万余、光秀軍は参加者が少なく一万四千だったという。この数からして光秀軍の劣勢は明らかである。（『室町戦国史紀行』「天王山と小栗栖、北庄城」より）

天王山という地名は、今でも「ここが勝負の天王山」なんていうふうに使われるくらい特別な地名になっていますから、歴史に興味があればやはり心惹かれやすいところで、宮脇も今の部分でそう書いていました。

ただ、ハイキングというか、基本的には山登りですから、足腰がだんだん弱っている宮脇にとっては、『古代史紀行』を始めた十年前よりも体力面で問題があったようです。

> 宝積寺の裏手からは、細い山道になる。
>
> 樹々は密度濃く茂り、頭上に被《おお》いかぶさって深山の趣《おもむ》きになってきた。風致保全地区

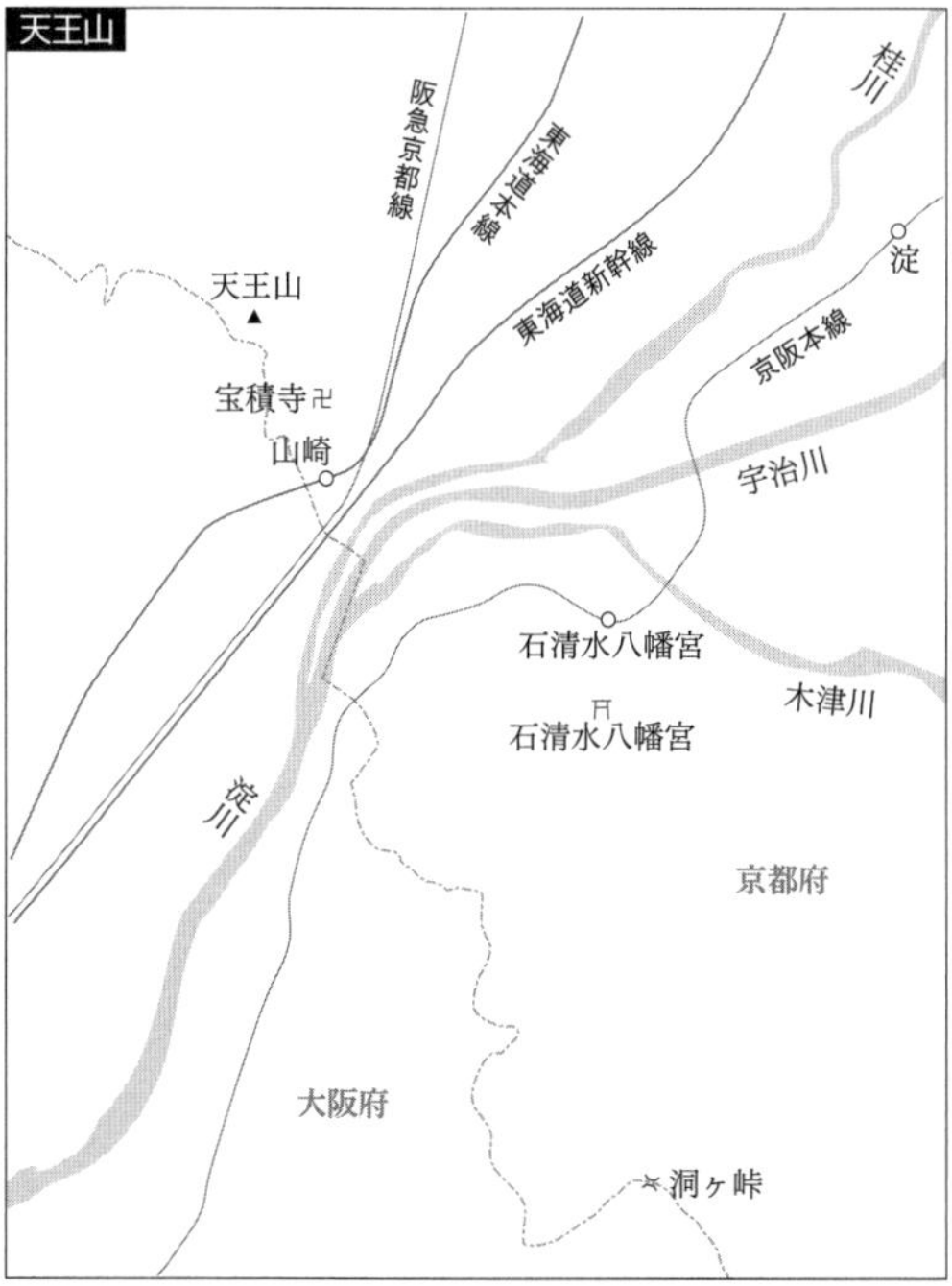

に指定されているからだろうが、京都と大阪の間の開発され尽した地域に、こんな自然が残っている。

道が険《けわ》しくなった。ジグザグ道で、曲り角では岩が露出して登りにくい。持参の折りたたみ杖を使う。

木は茂っているが、やはり暑い。涼しい季節に来ればよかったと思うが、年代順紀行だから備中高松城のつぎは天王山となるのであって、仕方がない。

標高二〇〇メートル近くまで登ったところに展望所があり、ベンチや案内図があった。樹間から淀川《よどがわ》を見下ろす眺望のよいところだ。

対岸は石清水《いわしみず》八幡宮のある男山《おとこやま》で、そこから南へとつづく丘陵に筒井順慶の日和見《ひよりみ》で有名な洞《ほら》ヶ峠がある。ただし、順慶は天王山の戦い以前に光秀に協力しないと腹を決めたのであって、「洞ヶ峠」物語は事実ではないらしい。

それにしてもヤブ蚊の多いこと。腕や首すじはもとより、シャツの上からも容赦なく刺す。虫除けスプレーを持ってくるべきだった。

天王山頂までは、あとわずかのはずだが、私は暑さと登り坂と蚊にへこたれて、ここで引返すことにした。(『室町戦国史紀行』「天王山と小栗栖、北庄城」より)

最後の「引返すことにした」のあとに、「こうまでして秀吉や光秀とつき合わねばならないのかと、アホらしくなった」と書いて、さらに、人間の足は下り坂向きにできていないから坂道を降りるのは大変だ、ということが書かれています。

いずれにせよ、「格別の響きがある」、と書いた天王山の登頂を宮脇は諦めてしまいました。標高二百メートル付近の展望所から眺めを楽しんで、そこから洞ヶ峠を見たりしたので、それである程度満足した、ということもあったのかもしれません。これが平成十（一九九八）年七月のことでした。

宮脇が関ヶ原の古戦場で石段を上れずに、体力の限界を感じてこの日本通史紀行を終わらせたのは、それから一年後の平成十一年六月でした。

私は当時、ほぼリアルタイムでこの作品を読んでいましたが、読者としては、関ヶ原の合戦から先、江戸時代や幕末を宮脇俊三はどういうふうに描くんだろう、という興味はありました。だから、体力面の問題だから致し方ないにせよ、関ヶ原でこの歴史紀行が終わったのは何とも残念でした。

宮脇俊三の幕末紀行とか明治以降の近現代史紀行が実現していたら、どうなっていただろうか、という興味は、今も永久に実現することのない想像の世界です。ただ、そういう余韻を残して終わらせたのも、宮脇作品らしいシリーズだったな、と考えることにしています。

第十章　歴史紀行②『時刻表昭和史』

『時刻表昭和史』昭和62年、角川選書
『増補版 時刻表昭和史』平成9年、角川書店

「売れ行きは悪かった」

この作品の刊行経緯はちょっと変わっていて、最初は昭和五十五（一九八〇）年七月に刊行されました。デビューから数えて四つ目の作品で、書き下ろしでした。その後、七年後の昭和六十二年に文庫化されています。

ところが、最初の単行本もその後の文庫も、しばらくすると書店で見かけなくなってしまいます。その原因を、本人が『旅は自由席』（平成三年、新潮社）の「自作再見『時刻表昭和史』」という短編随筆で「売れ行きは悪かった」からだ、とはっきり書いています。

そのことは、私自身も体験的に理解しています。私は宮脇作品を平成の初期、つまり中学から高校、大学生の頃に愛読していたのですが、当時、近所の本屋さんでどうしても手に入らなかったのがこの『時刻表昭和史』でした。図書館へ行けばあったのかもしれませんが、宮脇作品は買って読みたい、自分の物にしたい、という気持ちが強かったので、宮脇俊三の作品で本屋に売っていないものなんかあるのか、と思っていて、それでずっと手に入れることができませんでした。

そういう読者の気持ちを察したのかどうかわかりませんが、この「売れなかった」作品が、最初の単行本の出版から十七年後に、『増補版　時刻表昭和史』（平成九年、角川書店）という形で再刊されました。私もこの増補版で初めて、最初の出版時の部分も含めて全部読むことができました。ちなみに、この増補版は発売開始から一ヵ月後に早速増刷されています。

増補版は旧版とどこが違うのかと言うと、旧版のあとがきの後に、さらに新しい章を加筆しています。旧版では、宮脇が小学校に上がる前後くらい、つまり昭和一桁の時代に物心ついた宮脇が、自身の成長過程で読んだ当時の時刻表の印象、子供の頃に流行った遊びのうち汽車ポッポに関すること、旅行に出かけたときの体験談、などを綴ったもので、旧版は昭和二十（一九四五）年八月十五日、つまり終戦の日までの体験が書かれていました。

そういう内容なので、タイトルだけからだと、時刻表という読み物というか本に関する昭和時代の成立と展開を分析したり概説したりしたような内容とも捉えられそうですが、実際の内容は宮脇自身の昭和初期の鉄道旅行を中心とした極めて私的な体験記、回想録です。本人も旧版のあとがきで、「私の時刻表昭和史」というタイトルにすべきだったかもしれない、ということを書いています。

そして、十七年後の増補版では、戦後の数年間、昭和二十三年までの体験が加筆されています。ただ、いずれにせよその程度の加筆であって、六十四年まで続いた昭和の三分の一くらいの期間の私的体験談であることには変わりありません。

にもかかわらず『時刻表昭和史』というタイトルになっているのは、二十一世紀になって、昭和も平成も終わった現在の視点だと気づきにくい事情があります。

というのは、この本が最初に出たのは昭和五十五年で、「昭和史」と言ってもまだ昭和時代の最中でした。その頃に「昭和史」と言えば、だいたい戦前、あるいは戦後間もない頃くらいまでを意味することが多かったんですね。昭和はまだ歴史じゃなくて現代の一部だった、だから、昭和史と言えば戦前、あるいは昭和二十年代くらいまでを意味していました。

同じことを今の時代に置き換えて、たとえば平成史と言っても、つい数年前までは平成三十一（二〇一九）年だったわけですから、平成の全期間が私たちにとって歴史と言えるか、と言うと、おそらく大多数の日本人はまだそんな感覚はないのではないでしょうか。少なくとも、平成の後半は歴史と言うより現代の一部と認識しているのが通常だと思います。この本が出た昭和五十年代半ばにおける「昭和史」という言葉が持つ意味も、それと同じだと考えると、この本が終戦前後までしか取り上げていない理由はおわかりいただけるのではないかと思います。

さて、そういう個人的な昭和初期の体験談を書き連ねたこの作品は、本人も言うように、売れませんでした。文庫にして値段を下げても思わしくなかったようです。第一章で私は、「売れるものは良書である」という、編集者らしい宮脇本人の考えを紹介しましたが、その哲学に照らすと、この『時刻表昭和史』は「良い本」とは言い難い作品だったことになります。

著者としての思い入れは最大級

ところが、宮脇は、この作品への思い入れは相当強かったようです。

長女の宮脇灯子さんが書かれた『父・宮脇俊三への旅』に、父である宮脇俊三が自分の作品について、「『時刻表2万キロ』『時刻表昭和史』『殺意の風景』が御三家だけどね」と話していた、というくだりがあります。これは宮脇が亡くなって三年後に刊行された灯子さんの著作によって明らかになった本人の発言ですが、生前の本人の発言でも、平成十二（二〇〇〇）年に発売された月刊誌『旅』の宮脇俊三特集のインタビューで、「一番、思い入れが強い作品は何か？」という読者からの質問に対して、「『時刻表2万キロ』と『時刻表昭和史』です」と回答しています。

先ほどの灯子さんとの会話と比較すると、『殺意の風景』が入っているかどうかの違いだけなので、『時刻表昭和史』が思い入れが強い作品であったことは間違いないでしょう。それと、これは私自身に置き換えて考えてもわかるのですが、著作がいくつかある場合、デビュー作に思い入れがない人というのはほとんどいないでしょう。宮脇にしても、自分の人生の転換期で世に送り出した『時刻表2万キロ』に思い入れは特にない、ということは絶対にないと思います。

ということは、作品の内容だけを純粋に比較したとき、宮脇にとって最も思い入れが強い作品は、実はこの『時刻表昭和史』だったのではないか、と私は考えています。

雑誌のインタビュー以外にも、『時刻表昭和史』への思い入れというか、ある種の未練というか、そういう心境が感じ取れる本人の文章がいくつかあります。

たとえば、この章の冒頭で紹介した『旅は自由席』に掲載されている「自作再見『時刻表昭和史』」は、『時刻表昭和史』が売れなかったことを自分で回想して分析している短編です。これはもともと平成二年に朝日新聞に掲載された一文なのですが、自分の売れなかった過去の作品を新聞で「なぜ売れなかったか」と解説する文章というのは、ふつうはなかなかお目にかかれません。しかもこの文章は、最後が「いちばん読んでほしい本がいちばん売れないというのは、悲しいことだが、それについて不服を申すつもりはない」と締めくくられています。宮脇の不服ぶりがここまでわかりやすく伝わってくる文章は珍しいですね。

ほかにもあります。『昭和八年　澁谷驛』（平成七年、ＰＨＰ研究所）という単行本が『増補版』の二年前に出ているのですが、この中で、『時刻表昭和史』の第一章「山手線——昭和８年」の文章の一部が転載されているのです。「Ⅱ　昭和八年　渋谷駅」という章の前半がそれです。まるっきり同じではなく、少し手を入れて加筆している部分もあるのですが、ほぼそのまま転載と言っていいでしょう。

『時刻表昭和史』の文章を流用していることは、この本のあとがきで本人が認めています。「ハチ公が生きていた時代の渋谷駅の様子」を描くうえで、掲載する文章が足りなかったため、既刊の作品のいくつかを流用する必要があった、という理由です。

ただ、宮脇俊三という作家は、自著の中でこういうことを書いていたことがあります。

もの書きは同じ内容のことを二度書いてはならない。これが仁義である。買ってみたら、以前読んだのと同じであった、というのでは腹が立つ。当然のことだ。（『終着駅は始発駅』昭和五十七年、新潮社）

おなじことを二度も活字にするのはよくないことである。（『韓国・サハリン鉄道紀行』平成三年、文藝春秋）

こういうことを書いている人が、『時刻表昭和史』に出てくる文章の一部を、要約とかではなくて、まるごと一部を別の単行本へ引き写すということをやっているのです。別に自分の作品を自分で写しているだけだから問題行動でも何でもないですが、要は、それほどまでに、『時刻表昭和史』に書いたことを一人でも多くの人に読んでもらいたかった、という心情の表れなのではないかと思われます。

老いたハチ公を見て育った

では、宮脇俊三がそれほどまでに多くの人に読んでもらいたかった『時刻表昭和史』という作品を紹介していきたいと思います。

この作品は昭和八（一九三三）年、宮脇が六歳で小学校へ入学した年の体験から書き起こされているのですが、その第1章で登場するのが、当時の宮脇の自宅から最寄りの国鉄駅であった渋谷駅前の様子です。今は待ち合わせ場所の銅像として知られている忠犬ハチ公は当時、満十歳くらいで健在でした。当初の飼い主が亡くなってから八年くらい経っていたのですが、毎日午後になると渋谷駅へその亡くなった主人を出迎えに行くという習性は変わりませんでした。そのハチ公の様子を、小学一年生になった宮脇は実際に見ていました。

渋谷駅のハチ公の銅像を知っている人は大勢いると思いますが、実際に生きていたときの様子を綴った文章に触れたことのある人は、意外に少ないのではないかと思います。

帰らぬ主人を待って日が暮れるまで立ち去ろうとしないおとなしい老犬に、駅員たちは残飯などを与えていた。なかには、わざわざ屋台のヤキトリを買ってハチ公に与えていた乗客や駅員もいたらしい。

そのことから、ハチ公は二君に見《まみ》えぬ「忠犬」となり、犬でさえ主君の恩を忘れないのだと喧伝《けんでん》された。何事も忠君愛国に結びつける時代であった。

要するに餌《えさ》の問題さ、と揶揄《やゆ》する人もおり、そのほうが真実らしいことは私たち子どもにも理解できた。しかしハチ公は、そんな毀誉褒貶《きよほうへん》にかかわりなく小荷物窓口の厚板の下で物憂げに横臥しつづけた。老い衰えてはいたが、大事に飼われたことを偲《しの》ばせる品格のある犬であった。ハチ公が死んだのは昭和一〇年三月八日である。

私は、晩年のハチ公しか知らないが、渋谷駅前の銅像は実物より小さく見えてしようがない。上野の科学博物館に陳列されている剥製《はくせい》のハチ公を見ても、私の記憶のなかにあるハチ公より小さい。私が子どもだったからであろう。

その老いたハチ公を眺め、出札口で二銭の切符を買って山手線に乗るのが、小学一年生になったばかりの私の最大の楽しみであった。（「第1章　山手線――昭和8年」より）

東海道本線は新橋から乗る習慣

こんなふうに、生きているハチ公を渋谷駅前で見ながら育った宮脇は、小学一年生のときから山手線で東京駅に行って、東海道を下って西日本へ向から豪華特急列車を眺めたりしていたのですが、それだけではなく、実際の長距離鉄道旅行の機会に早くから恵まれます。宮脇の父が四国出身の衆議院議員だったので、現代の国会議員にも支給されているJR全線無料パス、つまり当時の鉄道省線全線無料パスを持っていて、当時の一般庶民の家庭に比べると、遠隔地への鉄道旅行が比較的身近だったという事情が影響していました。

そして、当時の裕福な宮脇家では、長距離列車に乗って家族で旅をするときに、一番下のランクである三等車を使うということはなかったようです。

当時の国鉄は、旅客列車の等級は一等、二等、三等に分かれていました。一等は基本的に主要幹線の特急や急行でないと連結されない特別な車両で、通常は二等車と三等車に分かれていました。実際、昭和四十四（一九六九）年に国鉄が等級制を改めて現在のグリーン車というクラスを導入したときには、この三等級時代の二等車をグリーン車にして、三等車を普通車にしています。三等級時代の一等車というのはあまりにも特別すぎる稀少な存在だったので、戦後のある時期から廃止されてしまっていました。

飛行機で言うと、ファーストクラス、ビジネスクラス、エコノミークラスの三等級制度を採っている航空会社が多いので、飛行機を例にすると少しはイメージしやすいかもしれません。ただ、今の飛行機の三区分だとふつうの人はエコノミークラスに乗るのですが、戦前の三等級制の中での二等と三等に対する感覚の違いは、現代の私たちがJRの普通車とグリーン車、あるいはエコノミークラスとビジネスクラスを使い分けるのとはちょっと違っていたようです。

そのことが理解できる部分を紹介します。昭和九年十二月末、宮脇は母親と兄と三人で、東海道本線に乗って熱海の温泉に出かけています。以下は、熱海へ列車で向かうときの様子です。

一二月二五日からの冬休みに入ってすぐだったと思う。母と兄と私の三人は新橋《しんばし》発午後1時04分の大垣《おおがき》行普通列車に乗った。

この列車は、もちろん東京駅始発であるが、母は迷わず新橋駅から乗った。新橋のほうが家から近いからでもあったが、当時は東海道本線は新橋から乗るものという明治の習慣がまだ残っていたように思う。父も四国の故郷《くに》へ帰るときは新橋から寝台車に乗っていた。

私たちが乗ったのは二等車であった。椅子《いす》が深くゆったりしていて、山手線とは坐《すわ》り心地がまったくちがった。

二等車に乗ったのは、女子どもだけでは物騒な三等車には乗れないという考えが母にあったからである。

それは母だけではなかった。一般に、汽車の旅は老人、女、子どもにとって危険をともなうことと思われていた。デッキから振り落される、客車の継ぎ目の幌《ほろ》がはずれていて、そこから線路に落っこちる、といった物理的危険もあったが、スリ、かっぱらいなどは今日よりずっと多かったし、治安も悪かった。三等車はそういう悪い男の巣窟《そうくつ》のように母は思っていたから、無理をしてでも二等車に乗った。

車掌の態度も、二等と三等とでは劃然とちがっていたと思う。二等客にはお客さま相手の言葉遣いで、下車駅や接続の案内も親切にしてくれた。（「第2章　特急『燕』『富士』『櫻』――昭和9年」より）

宮脇の母が二等車を選んだ率直な理由が記されていますが、現代の航空機の旅客がビジネスクラスとエコノミークラスを区別するときとは全く異なる視点に基づいていることがわかります。

ここととは別のシーンで、両親の故郷でもある香川へ夜行列車で行くときも宮脇一行は二等寝台車に乗り、母親は他の車両へ移動することを子供たちに禁止しています。その場面では、二等寝台車にボーイが同乗していて、ほとんどの乗客が彼らにチップを与えていたこと、宮脇が下車するときにはボーイがブラシで肩を払ってくれて、小学三年生の宮脇にまでそういう対応をしてくれたことが晴れがましく思えたこと、などが体験として描かれています。

二等車の選択理由や二等車内の雰囲気以外にも、この部分には興味深い記述があります。「当時は東海道本線は新橋から乗るものという明治の習慣がまだ残っていたように思う」という話です。

こういう話は、制度の問題ではなく人々の意識に関する話題なので、史書の類に記録される歴史上の事実ではありません。また、確かにそういう意識が当時あったとしても、その意識が特殊なものであるということを現代の視点から見て指摘するためには、当時にそういう意識が確かにあったことということと、それが今の視点からは特殊な内容であるということを、同時に理解できる人による指摘が重要です。

この、東海道本線が東京始発であったにもかかわらず「新橋から乗るものという明治の習慣」については、当時にそういう乗り方をしていた実例があることを指摘すると同時に、それが通常の乗り方と異なる、つまり始発から乗らずにわざわざ途中駅から乗るという乗車方法が通常の鉄道利用のスタイルと異なる、ということに気づいていないと、スルーされてしまう話題です。このような習慣が昭和初期にはまだあった、という実体験に基づく指摘は、宮脇俊三以外にはなし得ない貴重な指摘ではないかと思われます。

この昭和十年前後はすでに満洲事変が発生していて、中国大陸では日本軍が軍事活動を展開しているような時期でした。そういう時期の行楽的要素を持った鉄道旅行がどんな様子だったのかを知るうえで、この作品に描かれている場面は断片的な個人の体験ではあっても、公的文献からは読み取れない貴重な証言と言えるでしょう。

戦時中も汽車旅に出る

こんなふうに昭和十年代初めまで比較的大らかに鉄道旅行を楽しむことができた宮脇ですが、

旧制中学に上がって行動範囲が少しずつ広がっていくのと反比例するように、戦争の影響も徐々に受けるようになっていきます。

とは言え、父親が選挙に落選して衆議院議員ではなくなった後も、仕事の関係で北海道へ行くときに中学生の宮脇も同行しています。この北海道旅行は厳密には父の業務旅行ですが、帰り道に登別《のぼりべつ》や洞爺湖《とうやこ》に立ち寄ったそうです。当時の中学生、高校生としては破格なほどに旅行機会に恵まれていたと言ってよいと思います。

その最たる例が、昭和十九（一九四四）年三月の春休みに出かけた関門トンネルへの一人旅でしょう。当時、宮脇は旧制高校の一年生でした。

昭和十九年三月と言えば、すでに戦局が悪化していて、前年の末、つまり昭和十八年十二月にはいわゆる学徒出陣によって学生も徴兵されるようになっていました。宮脇自身はまだ徴兵まで一、二年の猶予があったのですが、すでに親類をはじめとして周囲の若い男性が次々と出征していった時期で、宮脇の親類にも戦死者が出ていました。

当時の若い男子学生にはほぼ共通して、「どうせそのうち自分たちは徴兵されて戦地へ送られて死ぬ可能性が高い」という諦めに似た気持ちがあったようです。戦地へ行く前に、空襲で死ぬ可能性だってあったわけで、宮脇もこの作品の中で、「いずれにせよ、戦争の結末を見ずに死ぬような気がしていた」と書いています。

そういう雰囲気が世の中にあったからだと思われますが、こんな時期の関門トンネルへの一人旅を、両親は反対しませんでした。父は、当時購入することが難しかった急行列車の指定席券をどこからか手に入れてくれて、母はお小遣いをたくさんくれた、と書かれています。戦争へ行く前に好きなことをさせてやりたい、という当時なりの親心だったのかもしれません。

そういうわけで、戦局の悪化著しい時代の不要不急の旅行、行楽目的の鉄道旅行が実現し、その時代の鉄道旅行の実態を描いた貴重な場面が、宮脇の手によって現代に伝えられることになりました。そうした場面をいくつか紹介します。

まずは、当時の鉄道旅行での食糧事情を窺わせる場面です。宮脇を乗せた急行列車は東海道本線を西へ下っていって、浜名湖あたりで日が暮れて、車内で持参していた握り飯で夕食を取っていました。


私のリュックザックには握り飯と乾パンと米が入っていた。握り飯は保《も》ちをよくするために中身は梅干しで、外側は焼いてあった。それが二日分と米は一升五合ぐらいだったと思う。五日間は十分まかなえる食糧であった。それでも私は、駅に停《とま》るたびに駅弁はないかとホームを見渡した。できれば駅弁と握り飯と乾パンだけで食いつなぎ、米には手をつけずに家へ持ち帰りたかったからである。

駅弁といっても米飯ではなく、すべて代用食で、黒くて固い「興亜《こうあ》パン」や芋などしかないのだが、沼津でも静岡でも浜松でも、それすら手に入らなかった。時刻表の駅名の上に駅弁販売駅を示す「弁」のマークはついていても、売り子の姿が見当らないのである。もっとも当時の駅弁売りは、声をあげてホームを行ったり来たりはしなかった。むしろ、人眼につかぬよう待合室や柱の陰にひそんでいることが多かった。客に見つかると群がり集まってきて、われ先きにと駅弁をつかみ、収拾がつかなくなるからであった。それは商売というよりは建前としてやむをえず売らされている、という感じであった。事実そうであったろう。駅弁業者には粉が特配されていたから、その権利を維持するためには、形ばかりでも駅頭で売らなければならないからであった。

そういう駅弁であったから、窓からではまず買えなかった。駅に着くや急いでホームに降りて、後ずさりする駅弁屋めがけて突進しなければならない。けれども一人旅ではそれはできなかった。その間に網棚の荷物を盗まれる心配があった。(「第9章　第1種急行1列車博多行――昭和19年」より)

この場面の補足をしますと、このときの宮脇は食べられる状態の握り飯だけでなく、コメをそのまま持っていました。これは、食糧事情が悪化した当時の日本では、コメを持っていないと旅館が泊めてくれないというケースが多かったからです。ただ、コメを持参しなければ宿泊できないという決まりがあったわけではなく、そのあたりは駆け引きというか、そのときどきの雰囲気などで決まることもあったようです。

実際、この場面とは別ですが、宮脇が父親と一緒に旅行しているときに旅館に泊まろうとして、父親が何も言わないので自分から「コメは持ってきた」と宮脇が申し出たら、あとで父親から「だめじゃないか、この旅館はコメを出さなくても泊まれたかもしれないのに」と叱責された、というエピソードがでてきます。
翌日、この列車が山陽本線の徳山に到着すると、車掌が車内に現れます。

徳山に着くと車掌がやってきて、海側の窓の鎧戸《よろいど》を下ろすよう乗客に指示した。これから西は海岸を走るので、碇泊《ていはく》中の艦船や軍事施設が見えるからであろう。春の朝日を浴びていた乗客たちは、いっせいに腰を浮かして鎧戸を下ろした。眠っている客は揺り起こされ、動作の緩慢な客は、あなた早くしなさい、と叱《しか》られた。(「第9章　第1種急行1列車博多行──昭和19年」より)

このほかにも、これとは別の機会で、昭和二十年二月に東海道本線の小田原から湯河原まで買い出し目的で乗ったときに、乗車中に空襲警報が発令されて、女子車掌が車内に退避指示を出してまわり、指示に迅速に従わなかった宮脇が大声で「ちゃんとやりなさい!」と叱られた場面などが出てきます。ふつうに汽車に乗っているだけでもだんだん命がけになりつつありました。
ところが、そういう戦争末期の昭和二十年七月に、宮脇は家族で新潟県へ疎開するため、上野から上越線の列車に乗る機会がありました。終戦の一カ月前です。そのときの様子や心境を綴った場面があります。

灯火管制で車内は暗く、窓外にも灯りはなかった。列車は暗い利根川の谷に沿ってゆっくりと勾配《こうばい》を上り、ときどき鉄橋を渡った。トンネルに入ると、破れた窓から煙が容赦なく侵入してきた。当時の列車や電車の窓は、ガラスが割れてもそのまま放置されていた。張り替えるガラスが無かったのであろう。ガラスの代りに板が打ちつけられているのも多かった。

その晩は小雨が降っていた。心細いのか母たちはおし黙っていた。

けれども私は、そんなうら淋《さび》しい車中で、ひとり妙な感慨を覚えていた。というのは、子どもの頃の私は親の眼を盗んで山手線や近郊の電車に乗っていた。大きくなって一人で旅行できるようになると、こんどは「不急不要の旅行はやめよう」「遊山旅行は敵だ」の時代になった。私の旅行は、たいてい「してはならない旅行」であった。とくに戦争がはじまってからは、旅行目的を訊《たず》ねられたら何と答えようかとビクビクしながら汽車に乗っていた。ところが今回はちがう。「疎開」という国策にそった旅行である。大義名分があるから胸を張って乗っていられる。こんな旅行はひさしぶりだなと私は思った。（「第12章　上越線723列車――昭和20年」より）

窓が破れているオンボロ客車の様子は、先ほどご紹介した昭和九年の二等寝台車とは比べものにならないくらい落ちぶれていて、三等車には子供が立ち入ることさえ禁じた母親は、「心細いのかおし黙っていた」なんて書いてありますが、いったいどんな心境だったのだろうかと察してしまうところです。この状況下において「胸を張って乗っていられる」と感慨にふける宮脇の心境は、達観と言うべきか、相当な余裕と言うべきか、戦時中に生きていない私からするとちょっと想像を超える世界の話です。

もっとも、東京が大空襲で焼け野原になって、その辺に死体がゴロゴロ転がっているのもたくさん見ていた当時の日本人の心情は、現代の私たちでは正確に理解できないかもしれません。今の感覚や判断基準で当時の心境や考え方をそのまま推し量ってもその当時の人たちの考えを正しく理解することはできないんだろうな、ということを、この宮脇が書いているくだりを読むと感じさせられます。

駅頭ラジオで聴いた玉音放送

さて、新潟へ疎開した宮脇は、その後にやってきた父親と一緒に、また業務旅行に助手として同行します。その途中で八月十五日を迎えます。宮脇が昭和天皇の玉音放送を聞いたのは、山形県にある米《よね》坂《さか》線の今泉という駅の前でした。

宮脇父子一行は、山形から赤湯まで奥羽本線に乗り、そこから長井線、現在の第三セクター山形鉄道に乗って昼前に今泉まで来て、そこで米坂線に乗り換える前に駅前に設置されたラジオで玉音放送を聞きました。その放送が終わった直後の場面です。

> 放送が終っても、人びとは黙ったまま棒のように立っていた。

ラジオの前を離れてよいかどうか迷っているようでもあった。目まいがするような真夏の蟬《せみ》しぐれの正午であった。

時は止っていたが汽車は走っていた。

まもなく女子の改札係が坂町行が来ると告げた。父と私は今泉駅のホームに立って、米沢《よねざわ》発坂町行の米坂線の列車が入って来るのを待った。こんなときでも汽車が走るのか、私は信じられない思いがしていた。

けれども、坂町行109列車は入ってきた。

いつもとおなじ蒸気機関車が、動輪の間からホームに蒸気を吹きつけながら、何事もなかったかのように進入してきた。機関士も助士も、たしかに乗っていて、いつものように助役からタブレットの輪を受けとっていた。機関士たちは天皇の放送を聞かなかったのだろうか。あの放送は全国民が聞かねばならなかったはずだがと私は思った。

昭和二〇年八月一五日正午という、予告された歴史的時刻を無視して、日本の汽車は時刻表通りに走っていたのである。（「第13章　米坂線109列車――昭和20年」より）

この場面は、終戦の玉音放送を聞いて時が止まったかのようになっていた自分たちと、平然といつも通りに走る汽車の対比が、静と動のコントラストになっていて、非常に巧みな情景描写になっています。

しかも、動いている機関車だけではなく、それを動かしている機関士や機関助士、彼らを待ち構えていた駅の助役がいつも通りに行動しているその様子が、かえって、この止まったような時間を打ち破るかのような印象を強めています。

そうして列車に乗った宮脇による、この作品での最後の情景描写です。

けれども、宇津峠《うつとうげ》の分水嶺を越えると、列車は別人のように元気をとりもどして快走しはじめた。列車は荒川の深い谷を幾度も渡った。荒川は日本海に注ぐ川である。ゴオッと渡る鉄橋の音に変りはなく、下を見下ろせば岩の間を川の水は間断なく流れていた。

山々と樹々の優しさはどうだろう。重なり合い茂り合って、懸命に走る汽車を包んでいる。日本の国土があり、山があり、樹が茂り、川は流れ、そして父と私が乗った汽車は、まちがいなく走っていた。（「第13章　米坂線109列車——昭和20年」より）

この最後のシーンを初めて読んだとき、私は、この部分は中国の唐代の詩人である杜甫《とほ》が作った漢詩「春望」を意識しているのではないか、という印象を抱きました。有名な漢詩なので、漢詩に特段の興味がなくても、学校の漢文の授業で書き下し文を習ったり、暗誦したりしたという方は少なくないと思います。

春望　　　杜甫

国破山河在
城春草木深
感時花濺涙
恨別鳥驚心
烽火連三月
家書抵万金
白頭搔更短
渾欲不勝簪

国破れて山河在り
城春にして草木深し
時に感じては花にも涙を注ぎ
別れを恨んでは鳥にも心を驚かす
烽火《ほうか》三月に連なり
家書万金に抵《あた》る
白頭搔《か》けばさらに短く
渾《すべ》て簪《しん》にたえざらんと欲す

宮脇が書いた「日本の国土があり、山があり、樹が茂り、川は流れ」というのは、まさに、戦争に負けた、玉音放送でそう聞いた直後の日本の車窓がいつもと変わらない眺めであったこと、しかも「父と私が乗った汽車は、まちがいなく走っていた」と言うように、戦争に負けても汽車は自然界と同じようにいつもと変わらない姿で走っていた、その超然とした機関車や鉄道員の姿に、「国破れて山河在り」、つまり日本の鉄道はいかなるときも動揺せず走り続けるのだなあ、という静かな感動を覚えた様子が窺えます。

そして、宮脇がこの場面に杜甫の「春望」を重ね合わせていることは、実は他の作品で自身が語っています。『私の途中下車人生』（昭和六十一年、講談社）という単行本がそれです。インタビュー形式で綴られている終戦の日の体験談の中に、次のような宮脇の話が出てきます。

坂町行きの列車がホームにはいってきました。いつもと同じように、動輪のあいだから、ホームに蒸気を噴きつけてきます。機関士と助士が乗っていて、いつものように駅の助役からタブレットの輪を受け取っています。

私と父の乗った列車は、米坂線を走っていきました。そこは、はじめて乗る線でしたが、戦争に負けたからといってなにも変わることなく列車は走ります。外は、まぶしい真夏の日差しでした。戦争に負けても、なにごともかわりなく、列車や自然は運行していくものだと私は、つくづく思いました。

「国破れて、山河あり」という言葉が、頭に去来したものです。（『私の途中下車人生』より）

最後の一行に、「春望」の第一行が頭に去来した、とあるので明らかです。私自身は、『時刻表昭和史』を読んだ後でこの『私の途中下車人生』を読んだので、この体験談のくだりに接したときは、「やっぱり宮脇本人も『春望』を意識していたのか」と納得したものです。

日本の歴史の中で、昭和二十年八月十五日という日ほど重大な意味を持つ日は、他になかったかもしれません。この日を体験した日本人は、それぞれにさまざまな想いを抱き、そのときの心境や様子を書き残している人も大勢います。

　そうした数ある記録や作品の中でも、玉音放送の直後の汽車や車窓の様子と「春望」の一節をオーバーラップさせた『時刻表昭和史』のこの場面は、比類なき名文ではないかと私は考えるのですが、皆様はどのように読まれたでしょうか。

平成4年（1992）
『スイス鉄道ものがたり（絵・黒岩保美）』福音館書店

平成5年（1993）
『夢の山岳鉄道』日本交通公社（→新潮文庫、平成7年。ヤマケイ文庫、令和3年）

平成6年（1994）
『線路の果てに旅がある』小学館（→新潮文庫、平成9年）……86
『平安鎌倉史紀行』講談社（→講談社文庫、平成9年）……第九章

平成7年（1995）
『昭和八年 澁谷驛』ＰＨＰ研究所……257

平成8年（1996）
『ヨーロッパ鉄道紀行』日本交通公社（→新潮文庫、平成12年）

平成9年（1997）
『駅は見ている』小学館（→角川文庫、平成13年）……iii, 36

平成10年（1998）
『豪華列車はケープタウン行』文藝春秋（→文春文庫、平成13年）
『宮脇俊三鉄道紀行全集』（全6巻）角川書店（～平成11年）……96

平成12年（2000）
『室町戦国史紀行』講談社（→講談社文庫、平成15年）……第九章

平成13年（2001）
『七つの廃線跡』ＪＴＢ（→『鉄道廃線跡の旅』と改題し、角川文庫、平成15年）
『乗る旅・読む旅』ＪＴＢ（→角川文庫、平成16年）……26, 27, 176

平成16年（2004）
『史記のつまみぐい』新潮社

平成20年（2008）
『「最長片道切符の旅」取材ノート』新潮社（→新潮文庫、平成22年）……48, 49

平成21年（2009）
『終着駅』河出書房新社（→河出文庫、平成24年）

平成26年（2014）
『宮脇俊三鉄道紀行セレクション 全一巻（編・小池滋）』ちくま文庫……96

……第八章, 256

昭和61年（1986）

『御殿場線ものがたり（絵・黒岩保美）』福音館書店（→復刊ドットコム、平成27年）

『汽車旅は地球の果てへ』日本交通公社（→文春文庫、平成元年）

『線路のない時刻表』新潮社（→新潮文庫、平成元年。『全線開通版・線路のない時刻表』講談社文庫、平成10年。講談社学術文庫、平成26年）……211

『鉄道旅行のたのしみ』集英社文庫（→角川文庫、平成20年）

『私の途中下車人生』講談社（→角川文庫、平成22年）……iii, 273

昭和62年（1987）

『鉄道に生きる人たち』中央書院

『汽車との散歩』新潮社（→新潮文庫、平成2年。グラフ社、平成19年）……8, 9, 65, 66, 70, 71

昭和63年（1988）

『青函連絡船ものがたり（絵・黒岩保美）』福音館書店

『中国火車旅行』角川書店（→角川文庫、平成3年）

『途中下車の味』新潮社（→新潮文庫、平成4年）

『ダイヤ改正の話』中央書院

昭和64年／平成元年（1989）

『ローカルバスの終点へ』日本交通公社（→新潮文庫、平成3年。洋泉社新書y、平成22年。河出文庫、令和元年）

『車窓はテレビより面白い』徳間書店（→徳間文庫、平成4年）

『失われた鉄道を求めて』文藝春秋（→文春文庫、平成4年）……第五章, 198

平成2年（1990）

『インド鉄道紀行』角川書店（→角川文庫、平成5年）……第七章, 198

『古代史紀行』講談社（→講談社文庫、平成6年）……第九章, 184

『シベリア鉄道ものがたり（絵・黒岩保美）』福音館書店

平成3年（1991）

『日本探見二泊三日』日本交通公社（→角川文庫、平成6年）

『韓国・サハリン鉄道紀行』文藝春秋（→文春文庫、平成6年）……220, 258

『旅は自由席』新潮社（→新潮文庫、平成7年。グラフ社、平成19年）……24～26, 28, 211, 253, 256

宮脇俊三著作目録

監修・編纂のものは省いた
本書で扱っている章、言及・引用のあるページを、
……の後に示した。

昭和53年（1978）

『時刻表２万キロ』河出書房新社（→河出文庫、昭和55年。角川文庫、昭和59年）……第一章, i, 41, 47〜49, 75, 76, 101, 107, 131, 256

昭和54年（1979）

『最長片道切符の旅』新潮社（→新潮文庫、昭和58年）……第二章, 75, 76, 96

『汽車旅12カ月』潮出版社（→新潮文庫、昭和57年。河出文庫、平成22年）

昭和55年（1980）

『時刻表昭和史』角川選書（→角川文庫、昭和62年。『増補版 時刻表昭和史』角川書店、平成9年。→角川文庫、平成13年。角川ソフィア文庫、平成27年）……第十章

『台湾鉄路千公里』角川書店（→角川文庫、昭和60年）……第六章, 9

昭和56年（1981）

『時刻表ひとり旅』講談社現代新書

昭和57年（1982）

『時刻表おくのほそ道』文藝春秋（→文春文庫、昭和59年）……第四章, 133

『終着駅は始発駅』新潮社（→新潮文庫、昭和60年。グラフ社、平成19年）……257

昭和58年（1983）

『徳川家康タイムトラベル』講談社（→『徳川家康歴史紀行５０００キロ』と改題し、講談社文庫、平成10年）……23

『シベリア鉄道９４００キロ』角川書店（→角川文庫、昭和60年）

昭和59年（1984）

『終着駅へ行ってきます』日本交通公社（→新潮文庫、昭和61年。河出文庫、平成22年）……第三章

『旅の終わりは個室寝台車』新潮社（→新潮文庫、昭和62年。河出文庫、平成22年）

昭和60年（1985）

『椰子が笑う 汽車は行く』文藝春秋（→文春文庫、昭和63年）

『殺意の風景』新潮社（→新潮文庫、昭和63年。光文社文庫、平成18年）

本書で引用している宮脇の文章は、宮脇自身が自著としての完成度を最初に了とした当初の単行本を出典とした。したがって、文庫や全集、セレクション、後年の復刊に掲載されている文章との間に微妙な差異がある場合は、当初の単行本に掲載されている文章を優先している。

装丁・地図制作　板谷成雄

小牟田哲彦（こむた・てつひこ）

昭和50年、東京生まれ。早稲田大学法学部卒業、筑波大学大学院ビジネス科学研究科企業科学専攻博士後期課程単位取得退学。日本及び東アジアの近現代交通史や鉄道に関する研究・文芸活動を専門とする。平成7年、日本国内のJR線約2万キロを全線完乗。世界70ヵ国余りにおける鉄道乗車距離の総延長は8万キロを超える。平成28年、『大日本帝国の海外鉄道』で第41回交通図書賞奨励賞受賞。ほかに『去りゆく星空の夜行列車』『鉄道と国家――「我田引鉄」の近現代史』『世界の鉄道紀行』『旅行ガイドブックから読み解く　明治・大正・昭和　日本人のアジア観光』など著書多数。日本文藝家協会会員。

宮脇俊三《みやわきしゅんぞう》の紀行文学《きこうぶんがく》を読《よ》む

2021年10月10日　初版発行

著　者　小牟田哲彦《こむたてつひこ》

発行者　松田陽三

発行所　中央公論新社

〒100-8152　東京都千代田区大手町1-7-1
電話　販売 03-5299-1730　編集 03-5299-1740
URL http://www.chuko.co.jp/

DTP　今井明子
印　刷　図書印刷
製　本　小泉製本

Published by CHUOKORON-SHINSHA, INC.
Printed in Japan　ISBN978-4-12-005469-3　C0095

定価はカバーに表示してあります。
落丁本・乱丁本はお手数ですが小社販売部宛にお送りください。
送料小社負担にてお取り替えいたします。

中公文庫より

実歴阿房列車先生

平山三郎 著

貴君、僕は大阪へ行って来ようと思う――。この一言から百閒の『阿房列車』シリーズは始まった。同行者〈ヒマラヤ山系〉にして国鉄職員の著者が、五年にわたる内田百閒の旅と日常を綴った好エッセイ。〈解説〉酒井順子

お早く御乗車ねがいます

阿川弘之 著

戦後初の山陽特急「かもめ」試乗記、夜行急行「銀河」にせ車掌報告記、日米汽車くらべ、駅弁と食堂車、汽車アルバムなど内田百閒を敬愛する著者が昭和三十三年に刊行した鉄道エッセイ集、初の文庫化。〈解説〉関川夏央

完全版　南蛮阿房列車（上下）

阿川弘之 著

遠藤周作や北杜夫をはじめ、珍友・奇人を道連れに、ただ汽車に乗るためだけに世界の果てまで鉄道旅を敢行。著者ならではのユーモアと臨場感満載の漫遊紀行の歴史的名作。全二十篇を網羅した完全版。〈解説〉関川夏央